时代光华 · 中国企业培训大系

做 | 中 | 国 | 最 | 优 | 质 | 的 | 经 | 管 | 培 | 训 | 资 | 源 | 服 | 务 | 商

做最好的银行柜员

古剑　吕晓娅◎著

图书在版编目（CIP）数据

做最好的银行柜员 / 古剑，吕晓娅著 .—北京：北京联合出版公司，2014.9

ISBN 978-7-5502-3275-4

Ⅰ.①做… Ⅱ.①古… ②吕… Ⅲ.①银行业务－职业培训－教材 Ⅳ.①F830.4

中国版本图书馆 CIP 数据核字（2014）第 159126 号

做最好的银行柜员

作　　者：古　剑　吕晓娅

选题策划：北京时代光华图书有限公司

责任编辑：李　征

策划编辑：任红波

特约编辑：王晓旭

封面设计：曾　放

版式设计：曾　放

北京联合出版公司出版

（北京市西城区德外大街 83 号楼 9 层　100088）

三河市华业印务有限公司印刷　新华书店经销

字数 154 千字　787 毫米 ×1092 毫米　1/16　12 印张

2014 年 9 月第 1 版　2014 年 9 月第 1 次印刷

ISBN 978-7-5502-3275-4

定价：39.00 元

目 录

Contents

序言一

Preface

与古剑先生结缘，始于他的《做最好的银行职员》和《做最好的银行支行长》这两部银行业培训畅销书。

多年来，我一直从事金融系统的培训工作。有一次，一位知名的金融界朋友告诉我，古剑先生的《做最好的银行职员》和《做最好的银行支行长》两本书很好，应该认真拜读一下。回到单位，我马上订购了这两本书认真研读。因多年服务于金融行业，从总行到支行，从老牌的国有银行到新兴的村镇银行，从一线城市的银行营业网点到县乡的银行服务柜台，我都曾和他们相关的负责人有过较深入的接触与交流，我深感《做最好的银行职员》和《做最好的银行支行长》这两本书完整地阐述了银行员工应具备的素质结构和个人职业修炼方式。两本书也对银行员工的职业习惯养成、素质提高、形象塑造和个人价值提升给出了全系列的解决方案。

这两本书对我的影响非常大，在与商业伙伴的交流中，谈得最多的问题都能在这两本书中找到相应的解决办法，为我和银行的经营管理者提供了极大的帮助。从此，古剑先生成为我学习上的导师，事业上的伙伴。

今天，有幸受邀为古剑先生和吕晓娅女士即将上市的新著《做最好的银行柜员》作序，忐忑之余，唯恐不能胜任。好在我为金融行业服务多年，古剑先生的书我也读过不少，对他的思想和观念比较熟悉，为其作品作序，可以为其他读者起到抛砖引玉的作用。

古剑先生的书处处画龙点睛，知识深入浅出，可以使从事金融行业和服务金融行业的人入手即迷。十多年银行高层的经营管理经验让古剑先生能够以金融管理专家的眼光看待现在和未来的金融管理问题并阐释出金融管理的真谛，其作品的风格也与其在金融界的职业经历有着密切的关系。

《做最好的银行柜员》没有高谈阔论的大道理，没有故作高深的理论推演，而是通过真实的案例展示出人们昨天已经经历过的、今天正在发生的，明天还将上演的职场悲喜剧，读完本书将会有一种醍醐灌顶之感。

有思想，方能行之久远；有策略，方能攻防兼备；有方法，方能进退自如。那么，从本书中，我们究竟会学到什么？我认为，本书旨在告诉大家，一个优秀的银行柜员应该怎样去工作、学习、生活和成长。

真正优秀的银行员工是在柜员的岗位历练中成长起来的，把柜员作为事业的起点，这也是本书告诉我们的重要经验之一。没有人能够一登场就惊艳四座，更没有人可以一步登天，职业发展是一个渐进的过程，银行员工只有经过柜员岗位的历练才能不断成熟起来。

金融界人才济济，任何想脱颖而出的人必须经过大浪淘沙般的挑选，想跳过柜员岗位的历练常会在职业发展中一脚踩空。柜员是走向银行家舞台的第一级台阶，需要我们静下心来，沉淀下去，才能一步一个脚印地走向职业生涯的高点。

本书告诉每一位柜员，要做到最好就要努力把自己和银行的形象印在客户的脑子里，这一点我感受颇深。记得我去招商银行办事，进门就有员工微笑着迎我进来，出门也对我微笑相送，办理事情的过程中，始终有微笑相伴，他们的形象便深深印在了我的脑海里。

我想，这不是我对招商银行有什么特殊的感情，而是他们的柜员把招商银行的形象烙在了我的心上。其实，接待我的柜员的形象就代表了招商银行的形象，柜员为我服务的价值也代表了招商银行存在的价值。柜员如何把自己和窗口的形象印在客户脑子里，本书介绍了许多好点子。

把服务当作生活的方式，与客户心灵“签约”，这是本书为银行柜员提高职业生活质量开出的一剂良方。当看到这些内容的时候，我真的对古剑先生和吕晓娅女士暗暗佩服，能与客户的“心灵”签约，这其中隐含着许多职场智慧和人生修养。当你每天面对形形色色的面孔和表情的时候，你能够真正与他们“心灵签约”吗？如果你不敢肯定这一点，找不到切入点的时候，请从这本书开始吧！

把工作当成自己的事，让工作激情永不“签退”，也是本书对柜员的真诚告诫。我曾有一个在银行工作多年的朋友，她觉得自己付出了那么多，早就应该成为支行长了，可现在还是普通员工。我听了她的抱怨，对她说：“诛心。”她问：“为什么？”我回答：“不要问为什么，你能把工作当作自己的事情，‘春天’就在眼前。”在刚入职的时候，我们都会充满活力与激情，但时间长了，活力飞了，激情散了，也失去了最真实的自己。如果，你正处在工作激情的消退期，请认真阅读本书，也许它会带你找回激情。

本书精彩之处不胜枚举，每个人完全可以从自己的经验和视角出发去解读其中的文字，去感受其中的故事和智慧。读一本好书，能改变自己的一生，好书更经得起推敲，让人从心灵深处产生共鸣。

《做最好的银行柜员》是古剑先生与吕晓娅女士多年实践经验的总结，是继《做最好的银行职员》《做最好的银行支行长》之后精耕细作的又一部力作，是金融界人士职业生涯不可缺少的工具书，又是金融企业提高柜台服务水平的培训指导书。本书对于金融新人、银行骨干、有志成为银行业中坚力量的朋友都有所帮助，书中的人生智慧、职业策略、岗位经验、工作方法可谓一语中的，足以让人心生敬畏。

上海惜才金融研究院副院长　陈怡冰

序言二

Preface

人们常说，"一叶知秋"，其实客户在与柜员的"一面之交"中，就可以感受到柜员的素养，进而可以想象到这家银行的整体素质和形象，从而决定自己是否要在这家银行长期办理业务。其实，柜员虽然是一个平凡的岗位，但却因其平凡而变得不平凡。一张笑脸，一句问候，一个细微的动作，皆可成为客户永恒的记忆。

如何打造出一支思想积极、素质高、形象佳的柜员队伍，一直是银行管理者最关注的问题。刚刚进入银行的"90后"柜员，大部分是"我字当头的一代"，对他们的教育培养，决定着他们是否能为自己的未来埋单。因此，无论是从银行发展还是从对员工负责的角度出发，对柜员的教育培养都是十分重要的事情。

古剑先生长期从事银行人力资源管理工作，是银行业资深管理专家，深谙银行管理规则，既有丰富的金融企业管理实战经验，又有系统的人力资源管理理论功底，对银行员工培训有独到的见解和方法，在我认真品读了他的《做最好的银行职员》《做最好的银行支行长》《职场论语》等著作后，收益颇多。

因此，我对古剑先生和吕晓娅女士的《做最好的银行柜员》很期待，这本书定能在我们的日常柜员管理中派上用场，对银行的人力资源管理工作也会有所启迪。细细品味《做最好的银行柜员》后，我对古剑先生及其著作又有了新的认识。

《做最好的银行柜员》是古剑先生的《做最好的银行职员》《做最好的银行支行长》以及其他著作思想和观念的延伸，蕴含着他多年银行从业经验的积累以及对银行柜员教育培训的思考，也体现了古剑先生一直以来在银行人力资源管理上孜孜以求的忘我精神。

本书的六个章节各有侧重地阐述了优秀柜员的职业规划和行为准则，每一章都是对银行柜员职业生命过程的诠释。书中紧紧围绕影响银行柜员职业发展的各种要素，运用通俗易懂的语言，结合形象的现代“行业词汇”，对柜员的职业素养进行了理论梳理和阐释，并通过翔实的案例做了“一对一”的励志性讲述，提出了成为优秀银行柜员的途径和方法。

全篇既没有空洞的思想说教，也没有硬性的理论灌输，透过一个个生动的案例对柜员进行“正能量”的凝聚和引导，始终围绕怎样做一名优秀的银行柜员展开叙述，可以让银行柜员读后产生心灵的共鸣，促使他们审视自己，重新塑造职业价值观念，进一步增强对自己职业的认同感。

总之，《做最好的银行柜员》对于初涉银行业的新人来说，尤其是90后柜员十分有意义，可以作为其职业生涯发展的行动指南。作为一名优秀的柜员需要哪些素养，该做什么，怎样做，书中娓娓道来；而对于银行管理人员来说，则可以成为其有效实施人力资源管理，提升银行竞争力的实战读本，为银行管理者指明了柜员管理的方向和目标。

作为新时期新一代银行从业人员必须牢记：优秀不是凭空产生的，每位优秀的银行柜员都要用不懈的努力编织自己的未来，用勤奋的学习完善自己的人生，用忘我的工作充实自己的生活。

只有把柜员作为事业的起点，把形象印在客户的脑子里，把服务当作生活方式，把操作规程当作职业生活习惯，把工作当作自己的事，把未来放进今天的努力中，才能在柜员岗位上大有作为，大放异彩，才能不断增加自己的“资本积累”，不断开拓自己的“升值空间”。

古剑先生与吕晓娅女士在《做最好的银行柜员》中说得好：“柜员这个岗位不仅是工作，也是附着理想、承载未来、实现使命的平台，更是走向事业高峰的台阶。把柜员的岗位利用得好，这里就是人生起飞的跑道；利用得不好，这里就可能成为磨损生命的废墟。”每当我读到此处时，都希望以此与广大读者共勉。

江苏洪泽农村商业银行董事长　朱彩涛

前言
Foreword

在快节奏、高品质、个性化的今天，能否提供快捷、优质、差异化的服务已成为客户评判银行好坏的一大标准，应运而生的“拼服务”成了各家银行的头等大事。各家银行在高度同质化的业务中利用政策、工具、员工的差异，为客户提供快捷、优质、差异化的服务。其中，作为服务载体的员工，尤其是直接面对客户的柜员，无疑成为银行提升竞争力的关键因素。

柜员是银行的窗口岗位，柜员的一举一动、一言一行随时曝光在人们的视线中，对柜员的评价也随时产生于窗口前的那双眼睛中，从而影响着银行的整体形象。因此，我们认为最好的服务来源于最好的柜员。

那么，从窗口的视角考虑，什么样的柜员才是最好的呢？不同的人会有不同的看法，我们认为，最好的柜员至少具备以下六个核心素质：一是敬畏自己的岗位，兢兢业业做好岗位工作；二是具有良好的职业形象，做事让人信得过；三是有良好的服务意识，在客户最需要的时候给予恰当的帮助；四是具备高超的岗位技能，做起事来得心应手；五是具备岗位主人翁精神，乐于承担工作任务；六是着眼于未来，具备岗位发展实力。

说到柜员培训，多数银行管理者都把精力放在如何提高岗位业务技能方面，但真正优秀的柜员不仅要具备高超的岗位技能，更应该具备做到最好的银行柜员的意识。在银行培训工作中，我们发现岗位技能只是柜员工作的工具，很多岗位技能不错的柜员工作并不优秀，原因是他们在如何运用这些技能上出了问题。有的柜员并没有把岗位技能作为做好工作的工具，反而依靠娴熟的岗位技能来要挟银行领导为其加薪升职，这样的人不可能成为最好的柜员。

要想成为优秀柜员，岗位技能是最基本的岗位训练，就像书法家要会用笔、作曲家要懂乐理一样，仅靠笔和乐理是不能成为书法家和作曲家的，所以缺少岗位技能的基础性训练，或者岗位技能较差，也很难成为优秀柜员。岗位技能的重要性就在于它的基础性，没有基础，其他都将是空中楼阁。在此需要强调的是，具备了岗位技能也许可以成为一名合格的柜员，距离优秀还有一段差距，想要做到最好还必须具备其他更重要的素质。

本书没有过多讲解柜员岗位技能、操作技巧等内容，而是主要从如何成为最好的柜员这一点进行描述。因为最好的柜员一定娴熟地掌握了岗位技能和技巧，更重要的是他们把这些技能、技巧用得恰到好处，成为银行窗口的亮点。

从我们研究银行员工职业生涯管理的角度来看，内在成长动力对每个柜员来说都具有非常重要的意义。如果柜员有崇高的理想，有美好的职业愿景，有全力做好岗位工作的状态，有成为最好的柜员的岗位信念，有良好的职业修养，他一定会寻找相应的方法和机会去提高自己的岗位技能，丰富自己的学识，努力做好自己的岗位工作，进而持续进步并让自己优秀起来。如果是缺少这些观念的柜员，无论银行如何培训、说服、教育、惩罚，他都难以主动学习各项业务技术和相应的岗位能力，这样的柜员不可能成为银行的有用之才，甚至还会成为银行发展的累赘。

银行要吸引更多的忠实客户，就要通过人这一关键因素的作用来创造自己的服务品牌，形成自己的软实力，打造独具特色的核心竞争力。现在的银行硬件配置都是“高端、大气、上档次”，但是在同业中备受客户称赞，独享竞争优势的银行，靠的还是以人为中心的软实力，而柜员正处在这一核心位置上。

银行是窗口行业，柜员是窗口岗位，人们一般通过柜员来评价银行，所以柜员是银行的招牌，最好的柜员是银行最重要的财富。客户在感受银行服务的同时也在感受银行的精神和文化，银行的魅力也来自于柜员的魅力。柜员在办理业务的过程中向客户传递着银行的使命、价值观、社会责任和与客户的共同愿景，因而增加了客户对银行的认同感、信任感和美誉度，进而推动着银行的发展。

最好的柜员不但是银行硬性培养出来的人才，更承载着柜员自己对工作岗位的热爱与理想。最好的柜员把柜员岗位作为自己事业起步的平台，并努力把自己的职业生涯推上了一个又一个高点。其实，在柜员岗位上成为最好的柜员是一个多赢的结果，它可以让自己满意，让领导器重，让家庭幸福。

要想成为最好的银行柜员确实有些难度，但也正因为难才更有价值，也正因为难才需要做出努力，本书的目的就是要给广大柜员提供一个基本的思路，找到一些基本的方法，建立一个基本的路径，让柜员优秀起来，为银行适应未来社会的发展做出自己的贡献。

第一章

把柜员作为事业的起点

在银行管理体系中，柜员是最重要也是最基础的管理节点。现在各家银行还处于以物理网点服务作为营销重要手段的阶段，所以柜员的作用显得尤为重要。

在银行服务体系中，柜员是实现服务质量和效能最关键的岗位。对客户来说，他是银行形象的代言人；对银行来说，他是银行业务的受托人，他既是直接面对客户的“前台”，又是让客户满意和安心的“终点站”。

在为客户提供服务时，柜员需要广博的专业知识、娴熟的服务技能和高超的沟通技巧，因此，在这一岗位上需要掌握的知识和技能要有一个漫长的积累过程。

很多银行员工不愿成为柜员，他们把柜员简单地等同于其他行业的柜台服务员，没有从根本上深入发掘柜员这一岗位的真正价值。

有的银行员工觉得柜台的业务技术比较单一，纯粹是熟练操作工种，他们试图挤进自认为业务技能要求比较高的岗位，其实他们忽视了一个最重要的事实：若想在银行里有所发展，柜员便是他们的起点。没有柜员岗位的历练和经验，在面对客户的提问和需求时常会心虚，难以全面恰当地解决客户的问题，服务过程也会底气不足，以后从事其他岗位的工作也难以得心应手。

真正优秀的银行员工大多是从柜员的岗位历练中成长起来的，自觉把柜员作为事业的起点，事业才会凭借这个起点不断有新的进展。缺少柜员岗位的历练，在银行事业的成长中就会缺课，而以后的补课过程也将是痛苦和不完善的。

把柜员作为事业的起点，需要在以下几方面借助这个平台完成自己的事业积累：

一是技术上过关，在银行基础技能上让自己成为行家里手；

二是精通银行的服务流程，以便将来在其他岗位上为客户提供服务时也能够得心应手；

三是进行职业化训练，在举手投足间给人一种“银行人”的感觉；

四是加强岗位磨炼，为以后承担更重要的岗位职责做准备；

五是提高岗位协调能力，主动融入团队，为以后组建和带领团队做适时训练；

六是加强自我约束，首先要管得住自己，进而更好地管理他人；

七是掌握岗位学习的技巧，确保自己能够在新的工作岗位上迅速进入角色。

最好的柜员能充分认识到自身岗位的价值，并充分利用柜员岗位的条件和机会不断充实和完善自己，从而获得事业的长足发展。

增加岗位的“默认选项”

当你选择进入银行这个行业的时候，已经对自己的未来有了一种期许，甚至想要成就远大的事业，创造辉煌的人生。

当今银行业已经成为各路英雄豪杰争相跻身其中的热门行业，职业竞争更加激烈，成就事业的难度也在增加，如果仅把柜员这一职业看作一种工作，不在工作中挖掘自身特长，培养自身能力，那么所谓的理想就将化为乌有，甚至这个赖以谋生的饭碗也将难以有保障。

柜员在银行业的岗位安排上属于基础性岗位，工作内容从简单到复杂需要一个长时间学习和积累的过程。若想成就一番事业还要从这里接受历练，成就也将在这里开始积累。说柜员的工作简单，是因为它确实不需要多高的文化程度就可以上岗工作；说它复杂，是因为柜员需要有丰富的知识和高超的操作技能。如果只是简单的上岗工作，一个大学生经过一两周的跟班学习和训练就可以独立顶岗，但是如果要做出成绩，没有几年历练是难以做到的。

有人在柜员的岗位上看到了未来的希望，因而在有限的岗位空间内激发出了无限潜力，创造了骄人的业绩；有的人为柜员岗位烦琐重复的工作烦恼，面对日复一日无休止的雷同工作而心灰意冷，每天迫不得已地应付着枯燥乏味的日常工作。

选择职业就是自己做出的一种承诺，自己要为这种承诺做出相应的付出，否则，这种选择对自己的未来发展将毫无益处。如果将自己对岗位的承诺与责任当作岗位工作的“默认选项”，岗位工作的能力自然会提高。在岗位承诺中，如果所有的“默认选项”都是正向的，工作才是积极的，才会有效地推动自己的事业不断向前发展。

要创造更高的岗位价值，就需要对岗位工作及其所属的一切在心里给予高度的认可，并自觉增加自己正向的“默认选项”，这类“默认选项”越多，岗位工作才会做得越好。随着“默认选项”的增加，岗位成熟度就会提高，事业就会在岗位成熟的过程中不断向好的方向发展。

最好的银行柜员具备了很多“默认选项”，其公共价值自然也比其他银行职员要大很多。

帮别人就是帮自己

小刘是一家银行的老员工，帮助别人已经成为她的“默认选项”。

她刚入行时，为了让老员工多教自己一些岗位技能和业务知识，主动给老员工打下手，甚至替老员工接孩子，从而获得了老员工的好感。在老员工眼里，小刘是个懂事勤快的孩子，对她也像对待自己的妹妹一样。只要小刘有什么不熟悉的岗位技能，老员工都会不厌其烦地教她，所以小刘比其他新员工更快地熟悉了岗位工作，提前上岗操作。

在工作中，老员工主动把自己的岗位经验告诉她，让她少走了很多弯路。她在工作中也喜欢帮助别人，所以为自己创造了融洽的岗位环境，工作起来更加轻松自如。

工作一年之后，小刘在岗位业务上已经明显优于其他同事，而且获得了领导、同事和客户的一致好评，工作也更加得心应手。由于她工作比较出色，在后来的岗位竞聘中顺利成为营业室经理。

小刘把帮助别人作为自己日常生活的“默认选项”，随时随地帮助别人已经成为她的习惯。轮休时，她也会到单位看一下，没什么事就帮大家做一些整理性工作。单位里谁有什么事，都会先打电话跟她说，大家觉得有什么事只要跟小刘说一声一定会得到她的帮助。

因此，她也成了单位里最忙的人，工作上有什么事，业务上有什么难题，生活上有什么困难，个人有什么困惑，她都会尽力给予帮助。

小刘在帮助别人的过程中也学到了许多工作中学不到的东西，得到了工作之外的锻炼，工作能力也随之提高。

她在工作中勤勤恳恳、任劳任怨，得到了同事和领导的认可与尊敬，同时也为自己事业的发展铺平了道路。

也许有人会问："为什么要乐于帮助别人?"其实，帮助别人就是在帮助自己。

随时帮助别人的"默认选项"在小刘的工作中不断加以体现，她在帮助别人的同时也锻炼了自己，自身的不足也得到了完善。

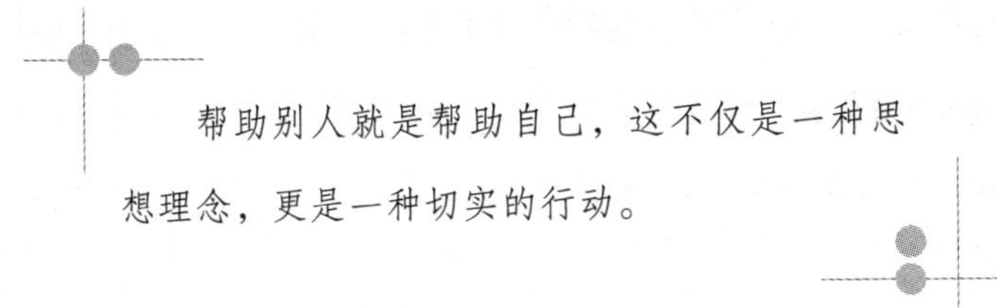

"默认选项"是一种不需要特别思考和控制的行为方式，因而个人对自己所有的"默认选项"的执行也更加自觉和自然。一个人的"默认选项"越多，越有利于个人的成长和完善。小刘在工作中，不断增加自己的"默认选项"，使自己的事业发展变得越来越顺利。

小刘的乐于助人来自于她的"默认选项"，她的成长和发展更深化了"默认选项"的价值，也增加了"默认选项"的内涵。

没有"默认选项"的人更注重个人利益的得失，常常会在个人利益得失的权衡中失去许多职业自觉性和职业发展机会。如果你也想成为最好的银行柜员，一定要在工作中增加自己的"默认选项"，使之成为自己的工作习惯，这样才能在工作中锻炼自己，完善自身不足，为自身事业的发展奠定坚实的基础。

做团队建设的"核心系统"

在银行业务的处理中，核心业务系统起着关键的作用。柜员的思想和行为只有成为银行的“核心系统”，才能在组织中发挥自身更大的作用。柜员岗位工作的“核心系统”实质上也是银行在业务经营过程中形成的企业文化，柜员的思想和行为越是与这种文化合拍，就越可能尽快成为银行的业务骨干。

在银行组织中，柜员是最基础的岗位员工，只有主动融入组织，认可组织的规范和流程，才不至于被组织的“核心系统”边缘化。在银行组织中，那些积极加入团队“核心系统”建设的柜员，大都会成为团队的中坚力量和核心人物。

柜员个人的力量虽然渺小，一旦融入团队，进入团队的“核心系统”，成为团队的引导者，就会借助团队的力量强大起来。同理，一个人一旦认可这个团队，就会在团队中找到发挥个人力量的支点，这时激发出来的能量将是无法估量的。

每位柜员都应该尽快使自己进入银行组织的“核心系统”，但当柜员刚刚走上工作岗位时，不可能马上进入这个“核心系统”，甚至还会游离于这个系统之外，这就要求每位柜员在入职之初就应该自觉向“核心系统”靠拢。随着时间的推移，柜员如果能够始终为进入“核心系统”而努力，那么在其历练成熟之后就一定能成为“核心系统”的重要成员。

柜员一旦成为“核心系统”的组成部分，其作用就不单是银行系统中一位基础操作人员了，其能量会不断在组织中放大，同时推动个人职业的发展。

柜员要成为团队中的“核心系统”，就必须做团队的核心工作，做团队中最需要的事，直至成为团队的灵魂。

有些柜员觉得自己做银行里最基层的工作，岗位技能简单而重复，提不起工作兴趣，找不到工作的快乐，更不愿主动付出，甚至整天满腹牢骚，不自觉地游离于团队的“核心系统”之外，这就会影响个人的生活质量和职业发展。如果这样的柜员还想扭转局势，就应该重新振作起来，努力加入团队的“核心系统”，使自己成为银行组织的核心成员。

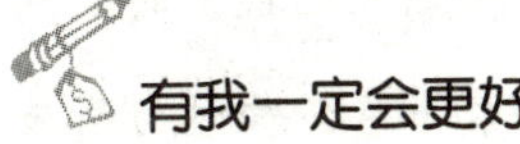

有我一定会更好

秦女士在从事柜员工作时是各家银行最抢手的员工，曾经有两家银行都想聘请她到自己的支行工作，为此，两家支行行长争得不可开交，最后争执到上级领导那里，才在领导的协调下平息了争端。

秦女士之所以受到各家银行的欢迎，就是因为她奉行“有我一定会更好”的理念，在任何一个团队中都会成为“核心系统”的成员，时时处处发挥其他员工不能发挥的作用。

节假日大家轮流休班，值班柜员比较少，同事们都愿意和她一起值班，他们经常说：“和秦姐在一起我们心里踏实。”

秦女士不管和谁一起值班，别人的事就是她的事，别人有什么困难她都能及时觉察并采取措施帮助处理。她还经常利用业余时间帮助其他柜员学习新业务，解决生活和工作中的难题，就像大姐姐一样关心着每位同事。

只要她在岗位上，从来没有客户因为差错或其他问题去找领导，因为，她都能和大家一起对问题予以恰当的解决。每天结束业务之后，她总是最后走，有的柜员出现结账困难的问题，她就会主动上前帮助解决，直至账平表对完毕后才离开。

她还主动帮助业务主管和分管内勤业务的副行长勾兑账表，整理业务资料，查看各项安全设施，行内的许多问题她都能够及时发现并予以恰当处理。银行领导不在时，一般会安排秦女士值班，这样他们才放心。

银行领导愿意委派秦女士工作，因为她是一位最负责任的好帮手；同事们愿意和秦女士在一起，因为她是一位值得信赖的好同事；客户愿意找秦女士，因为她总能及时为他们解决问题。在工作和生活中，大家切实感到“有她真的更好”。

秦女士虽然在柜员的岗位上工作，但她利用柜员接触人比较多的便利条件，主动营销客户，并把自己所了解的客户信息记录下来，及时与有关工作人员沟通。她还经常把自己在柜台营销的心得与大家分享，同事们从她的经验中得到启发后，不仅能够主动营销，而且个人业绩也得到了快速提升。

后来，上级领导来考察支行的管理工作，原准备提拔她做支行负责内勤的副行长，经考察后却把她调到市分行结算业务部任副总经理。因为领导想让秦女士在更大的范围内发挥她“有我一定会更好”的作用。

从秦女士的工作状态我们可以看出，她的业务技术水平很高，但她的工作却不限于柜员的业务，而是靠自己的能力成为全行主要工作最有力的推动者。

尽管柜员的工作性质和内容都差不多，但是由于每个人的工作状态不同，职业发展规划不同，其结果也会相差很远。

秦女士所在的支行因为有了她，银行领导的工作变得轻松，员工变得热情高涨，在繁重的经营指标压力下，不仅轻松地完成了任务，而且每个人都工作得十分快乐。

秦女士这样的员工各家银行之所以抢着要，是因为她所做的工作，有些是银行领导做不到的；她所发挥的作用，有些是银行领导无法发挥的；

她所关注的，正是全行经营管理中最关键的。她不仅业务能力强，还能够给大家带来正能量，带动团队士气。

大家愿意和秦女士一起工作，是因为她在生活中是大家的依靠，在岗位工作上是大家的榜样，在业务技术上是大家的老师。

秦女士比与她同时入行的员工成长得快，提拔得早，是因为她拥有“有我一定会更好”的思想和理念，并在柜员的岗位上经过了超越岗位工作的历练，最终赢得了更多人的信赖。

建立同事间的“拆借市场”

柜员的日常工作是独立完成的，岗位责任也需要独立承担，但柜员所在的团队是一个整体。个人要成功，不仅不能闹独立，还要尽最大可能融入团队。

在银行体系中，团队的力量很强大，作用也更加重要，任何人想成功，都需要取得组织的支持，更需要同事买账。因此，在柜员这个相对独立，甚至略显封闭的岗位上，获得同事的信任和领导的支持更重要。即使不是为了个人的发展，仅仅是为了生存，也离不开大家的帮助。

任何人都可能在日常生活中遇到一些困难，而且很多困难不是自己可以独自承担并解决的，有时给同事一点支持和帮助，甚至比完成柜员业务本身更重要。一个人给别人的支持和帮助越多，他在团队中发挥的主导作用就会越大，个人的职业发展也就越顺利。

柜员是银行业务的承载主体，柜员间的合作，柜员与其他岗位员工的合作，对银行的各项工作的完成和行内良好氛围的形成都有着十分重要的作用。

能够在工作中给其他人提供支持和帮助的人，一般都是业务技术和工作能力比较强的人，他们往往可以承担更重要的工作和职责，因而也容易获得良好的职业发展。而不愿意为他人提供支持和帮助的人，除了心地比较自私外，往往能力也比较差，这样的人对他人来说可用价值也小，个人价值也会在不愿为他人提供支持和帮助的过程中日渐损耗。

同事间的关系与银行间的关系相似，虽然相互间存在竞争，但也离不开相互支持，“拆借市场”就在这种关系中应运而生。如果柜员只关心自己的工作，不愿意在他人需要帮助的时候及时“拆借”，那么当其有紧急需要的时候常常也得不到他人的帮助。

给予他人和团队支持是自身强大的表现，也是个人实力的流露。一位柜员能够及时“拆借”自己的时间和能力，自己也会在这个过程中受益，经验的积累和技能的增加就是这一过程的重要收获。

柜员若能及时给予他人支持和帮助，就会壮大团队的能量和实力，个人的团队核心作用就会得到发挥，自己也会逐渐走到全体队员的前面。

每位优秀的柜员都是在与同事进行不断“拆借”的过程中逐渐成熟起来的。越是优秀的柜员，越是乐于参与这种“拆借”活动，越能不断丰富这种“拆借”活动的内涵。

老教授

小朱的年纪并不大，大家却给她取了个外号——“老教授”。

小朱进入银行做了五年柜员，虽然入行时间不长，但她却带了四批新员工。刚入行时，她带着一种好奇心走上了柜员的岗位，每天都乐颠颠地跟着老员工学习各种业务，技术水平突飞猛进，很快她就可以指导同来的员工了。

第二年新员工入行，她被推荐为内部培训师，讲授柜台的各项业务技能。当了老师后，她的学习热情更高了，业务技术越来越精，工作能力越来越强，凡是有新业务和制度出台，她都反复学习和研究，直到自己能够精准地掌握为止。

在带领新学员进行岗位实习时，她总是不厌其烦地教，一遍遍地演示，有时学员都烦了，她还是笑着说“再来一遍”。

回到工作岗位上，她看到同事在业务操作过程中遇到困难就会马上过去帮助，讲解要领，做示范，直到对方完全掌握。就是到其他单位，她看到业务操作上有什么问题，也会提出来与人家一起切磋，直到双方达成共识。

一次她到外地出差，顺便到一家银行网点参观，当看到一位柜员操作方法比较特别时，就找到值班经理一起讨论，终于搞明白其中的缘由，然后她又介绍了自己的操作方法和体会。值班经理与她交流后表示非常感谢，留下了她的联系方式，后来这家银行还专门邀请她去为全体柜员讲了一堂业务技能课。

有时，她好心教别人，并不是人人都领她的情。有人出于自尊心，不愿意让别人指导；有人出于嫉妒，说她总显摆自己；有人缺少工作上进心，对她的指导反应冷淡。她并没有因为这些而退缩，仍然毫无保留地把自己的知识、心得和经验与大家分享。

有人不理解她的这种做法，告诫她干好自己的活儿就行了，别自讨没趣。她听后并没有做更多的解释，仍然帮助着她认为需要给予帮助的人。在她看来，教别人的过程中自己也会提高，教会了别人自己也能获得快乐，如果人人的业务水平都提高了，那么银行的服务水平也就提高了，这不仅有利于银行的发展，对个人也是极大的裨益。

由于这种“诲人不倦”的精神，小朱连年受到上级领导的表彰，后来，她还被调到总行专门从事柜员业务技术辅导工作。

小朱的成长动力来源于她对柜员岗位价值的高度认知，看到岗位价值，认可岗位价值，工作起来才会更有动力，有了工作动力就能把岗位工作做到极致，其产生的效益也就越大。小朱是从新员工一路走来的，也有过业务不熟练的阶段，但她越学习就越发现柜员岗位的真正价值，这也是让她不断坚定下来的原因。

其实，在与别人互通有无、共同分享的过程中，小朱也获得了内心的充实和技术水平的提高，同时也在充实和提高的过程中逐渐成长起来。

在工作中，有些人不愿意把自己的技能和经验与人分享，总想在竞争中留一手，这样的人常常会在孤独中没落下去，最终难以形成自己真正的竞争力。

小朱能成为“老教授”，并获得同事和领导的认可，说明她在毫无保留的“教”和毫无成见的“学”中成就了自己。小朱在教与学的过程中也有过困惑，但她靠着自己勤于思考和努力实践的精神找到了突破点，为自己开辟出一条新路。

一个人在开始做一件事情的时候，有人不理解不支持，甚至冷嘲热讽是很正常的事情，只要自己认准了并坚持下去，结果将会完全不同。小朱的成功就在于自己正确的认知和坚持不懈的努力，在别人需要帮助的时候“拆借”了自己的能量，当小朱需要帮助的时候，别人也会“拆借”给她能量。

启动独立工作“程序”

柜员的工作具有独立性，这要求每位柜员必须具有独立的工作能力，这不仅是胜任岗位工作的需要，也对提高岗位工作质量和个人成长速度有着重要影响。

柜员的多数工作是简单重复的，从表面看理论和技术含量都不高，但是一旦柜员独立上岗就会发现还有很多工作难以做得精准。如果从独立解决工作难题的角度来说，柜员的工作难度会更大。如果一位柜员具备了独立工作的能力，那么，其在岗位上的工作也会越来越娴熟，久而久之，也能放大岗位的价值和提高岗位工作的内涵。

柜员的工作具有较强的规律性，若柜员按照流程操作足以完成日常工作，但要保持较高的工作质量和效率，就会涉及工作的独立性。

同是从事柜台操作，每位柜员的客户满意度、同事认可度、领导信任度有很大的不同，其原因就是每位柜员的独立工作能力不同。

有的柜员觉得，大家做的工作基本一样，每天的工作并没有什么新意，具体工作方式和操作方法都有硬性规定，只要照着做就行了。这样的柜员没有主动在岗位工作中承担什么，因而工作总是平平淡淡，缺少让人认可的价值和效果。

其实，柜员独立工作需要责任感和主动性，越是主动增加岗位工作的内涵，越是乐于在岗位上承担更多的责任，岗位技能水平就会越高，独立工作的能力就会越强，在主动承担工作责任、增加工作技能的同时需要柜员建立自己的独立工作“程序”，也就是形成独立做事的章法。

启动岗位独立工作的“程序”，执行的不是一个个单独的操作程序，而是一组连贯的有内在联系的行为，让这些行为组成一个统一的整体，形成一个工作主题。

个人独立工作“程序”的启动，并不需要随机配置，而是随着自己工作能力和阅历的增加，在潜意识中形成的工作程序，只要遇到类似的事情，大脑就会自动执行，而不需要外在强制施行。自动执行的“程序”是发自内心的想法，不受外界的任何打扰，而外在控制下执行的“程序”，不仅自己感觉痛苦，效果也常常不理想。

优秀的柜员不仅能够充分利用岗位工作的独立性，而且能主动赋予其更丰富的内涵和价值，并通过启动自己的独立工作“程序”来推动岗位工作。

建立自主工作标准

小彩从事柜员工作已经三年了，她觉得自己在业务技术上已经没有什么盲点，经过一段时间的历练之后，她开始考虑自己下一个工作目标。

小彩的工作一直比较出色，业务技术也是全行比较好的，曾多次代表本行参加上级单位组织的业务技术比赛，并获得了较好的名次，得到了领导和同事的认可。虽然她从事柜员工作，但她的市场业绩也不错，每月的绩效奖也比其他柜员高很多，领导的表扬和同事的羡慕也让她获得了很大的满足。

下一个工作目标究竟是什么，这让小彩犹豫了好长一段时间。经过认真思考和分析，她确认自己在柜员岗位的基础上发展比较好，于是她决定把柜员工作做出特色。

她先是按照岗位工作标准和自己对标准的理解，将业务操作流程和方法进行了梳理，经过进一步训练后形成了带有自己特点的操作方法。接着，她又对岗位工作核心内容和关键点进行了全面的整理和记录，形成了清晰的岗位工作地图。

然后，她又将岗位操作的风险控制点与操作手册进行了对照，并把自己的经验融入其中，进行风险控制点的重置和排列，把每个点的操作都进行了细化，形成了具有个性特点的风险控制方法和技巧。最后，她结合自身素质与岗位工作相对照，找到个人素质与岗位工作的匹配点，对不能匹配的方面通过学习和训练进行了自主改造和升级，实现了自身与岗位职责的高度匹配。

经过一年多的努力，她已经建立了自主的工作标准和方法，工作质量和效率明显提高，获得了客户的好评和上级领导的重视。在该行“提升服务提高效能”的活动中，小彩被树立为先进典型，她建立自主工作标准的经验得到了上级领导的肯定，并在行业内推广。

像小彩这样在柜员岗位工作熟练后的感觉，每位柜员工作到一定时间时都会有。柜员一般会在三年的时间内熟练掌握岗位操作方法和技能，要想在这时做出特色，唯一的出路就是创新，但是更多的柜员却到此为止了。

小彩在这个时间点上也有过一段时间的犹豫，不知道自己下一个目标是什么，但是她的不同之处在于善于思考和勇于创新，找到了自己的下一个目标。

独立工作的能力往往表现在同类操作岗位上，如何去表现自己独特的个性，并能够被专业人士和共同工作的同事认可，将是一件很了不起的事情。小彩就超越了自己的工作内容，独立思考和独特创新使她的工作做出了特色。

在柜员的岗位上，不超越制度规定，又不能为制度规定所限，能够领会其中的精神实质，又能发现其中的问题，这就是独立思考的能力。

同是柜员，面对的岗位工作制度和标准是一样的，但是每位柜员的思维方式、工作方法、操作手法会有很大的不同，这就为柜员的独特发现创造了机会。像小彩这样启动独立自主的工作“程序”，用心、用脑、用劲，才能形成自己独有的创新方式，并为岗位和全行业的工作做出贡献。

增加岗位的“所有者权益”

当你走上柜员岗位时，是否真的想清楚了自己到底想要什么。据报道，在银行招聘中，应聘者问得最多的就是收入情况，有的人甚至问该行与其他银行的工资水平有何差别等问题。

现在很多年轻人都往银行里挤，更多的是看好银行稳定的工作、良好的环境和不错的收入。当真正在银行工作一段时间之后，一些人就不再满足现状，开始看重自己职位的好坏和职务的高低。

很多人不愿意做柜员，多是因为柜员的服务职能多于管理职能，觉得柜员岗位晋升的空间比较小，或者是柜员的硬性规定限制了自己的个性发挥。总之很少有人考虑，自己进入银行对未来意味着什么，做柜员对自己的成长有哪些帮助，工作职位与工作锻炼哪个对自己更重要。

其实，从长远发展来看，人们更应该关注的是凭借这个岗位平台怎样更有利于个人的成长和职业生涯的发展，收入、职位等问题只是这一过程中的附属品。在进入银行工作之后，每个人都应该有一张个人岗位经营的“资产负债表”（见表1－1），它在某种意义上更直观地告诉我们，在岗位经营过程中，什么对我们的未来更重要。

表1－1　个人岗位经营“资产负债表”

资产：	负债：
1. 地位提高 2. 荣誉获得 3. 职业角色扮演 4. 职位取得 5. 报酬获取 6. 权力赋予	1. 物质投入 2. 时间投入 3. 健康投入 4. 机会选择 5. 岗位挫折
	所有者权益： 1. 知识获得 2. 能力提高 3. 经验积累

这张“资产负债表”告诉我们，地位、荣誉、角色、职位、报酬、权利等都是岗位的表面收益，具有不确定性和多变性，而且这些因素只是岗位投入所产生的一部分产出，更重要的表现为内在所有者权益的形成，这就是岗位经营中自身内在价值的增加，这对于个人职业生涯发展来说才具有长远的决定意义。

如果你在柜员的岗位上真正想要的不是钱、地位、待遇，而是自己超强的能力，那么你在任何岗位上都会有所成就。最好的柜员会把自己的努力方向定在增加岗位的“所有者权益”上，而不是只把目光放在职位和收入上。

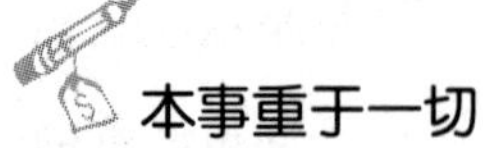

本事重于一切

小杜作为派遣员工在银行做了一年的柜员，刚参加工作时，她只是为了找个地方安顿下来，并没有想将来会怎么样。上岗工作之后，她想得更多的是干完自己的工作，拿到自己应得的报酬，过自己舒心的生活。

当看到与自己做相同工作却拿高工资的正式员工时，她纠结苦恼了好长时间，更不清楚今后的路该怎么走，这样的状态导致她每天忍气吞声地应付着眼前的工作，不敢憧憬自己的未来。

在我们为该银行做柜员培训的时候，她找到我们，说出了自己的担忧和苦恼，让我们给她一些建议。我们分析了情况之后告诉她：本事重于一切，只要利用好现有的平台，尽快具备相应的能力，她所期待的成功就有可能实现。

她采纳了我们的建议，从此，沉下心来利用现有的条件训练和提高自己，让自己尽可能具备更强的工作能力。正所谓思想一通，一通百通。从那以后，她在柜员岗位上总是以积极的心态面对工作，努力干出成绩，同时多承担自己本可以不做的工作，给自己寻找锻炼的机会。

她经常帮助其他同事，珍惜每一次学习和讨论岗位技术的机会。在平时，她还注意收集和记录自己在工作中遇到的问题，然后认真查找相关资料予以解决，自己解决不了的，会虚心地向他人请教。

每次单位组织员工培训，她总是想办法去参加，有人不愿意参加的培训，她就主动与人家商量换班。她还利用节假日到附近学校和银行蹭人家组织的培训课。与她一起入行的派遣员工看到她的工作状态，便略带嘲讽地说："看她那傻样，还以为自己是正式员工呢。"可她不为所动，仍然以极大的热情投入工作。

一晃几年过去了，她们仍然是派遣员工，很难有升职的希望。但机会总是眷顾有准备的人，当一家股份制银行入驻本地时，小杜被这家银行挖去做了营业室经理，这时大家才看到她当时努力学习、全力以赴投入工作的价值。

从案例中我们可以知道小杜的工作起点并不高，但最后却被当作人才挖走，这就是本事的价值。

小杜像其他人一样，也有过痛苦的思想斗争，但是她与其他人不一样的是独立思考了问题，并带着问题寻求帮助。更重要的是，她在找到解决问题的方法后，能够尽快付诸行动，让自己设定的目标尽快达成。

小杜在原来的柜员岗位上并没有获得所谓的外在“资产”，但是她通过全身心地投入工作，获得了自己丢不掉、别人拿不走的“所有者权益”。

一个人在岗位上之所以要辛苦地付出，根本目的是岗位“所有者权益”的最大化，这才是推动自己走得更远的力量，并且具有相应的稳定性。

从小杜的经历可以看出，从事什么样的岗位并不是最重要的，重要的是怎样利用岗位，怎样通过岗位平台来达成自己的目标。其实，柜员岗位对每一个银行员工来说都是最重要的职业经历，没有柜员的经历，即使你做了高管，在工作中也会常常有种力不从心的感觉。

从银行的整体结构看，柜员在员工中的占比及在银行运营中的作用、地位都是非常重要的，也是个人发展的基础阶段。特别是在职业化的今天，如果你的本事足够大，即使前期没有达到自己预期的目标，只要能够不断努力，使自己不断强大，早晚也会被领导发现并委以重任。

小杜的经验告诉我们，把纠结和抱怨的时间用来做自身“所有者权益”的积累，这才是正事，才是真正为自己的未来负责，才可能真正变得优秀。

自觉增加岗位“监控”

提到银行，人们首先就会想到钱。钱可以成就一个人，也可以毁掉一个人。

柜员在工作中会经手很多钱，能不能把持住自己，决定着一位柜员未来的路还有多远。有些柜员经不起金钱的诱惑，触及了银行的岗位底线，最终毁了自己，也给银行造成了不良影响，这样的案例并不少见。所以，为了避免自己在工作中误入歧途，柜员要加强对自己的“监控”，时刻监督自己、提醒自己，不要因一时的贪念毁了自己的一生。

在柜员岗位上，一旦守不住道德的闸门，操作风险将会随之发生，轻则毁了自己，重则毁了银行。

如果一位柜员对自己的约束能力强，不仅可以把住操作风险的关口，而且也为个人的职业发展创建了保护屏障。自我约束能力强的柜员，一般会对自己提出更高的要求，不会满足于岗位工作的基本规定，而是努力使自己得到锻炼，不断从优秀走向卓越。

同样是柜员，同样的业务操作流程，为什么会有业务能力和技术水平的差异呢？其根本原因就是每个人对自己的要求不一样。客户通常愿意和优秀的柜员打交道，那么客户怎么鉴别柜员优秀与否呢？其实，客户评价柜员的依据就是自己在接受服务时是否能感受到柜员对工作的认真。

同样是点钞，优秀的柜员不会满足于点得对的基本标准，他们会在追求准、快、好上做文章，让客户感受到高标准的服务，柜员自己也享受着工作的乐趣。

自觉提高岗位工作标准，使自己更优秀，需要柜员与自己的惰性和懈怠做斗争，也需要多给自己的岗位增加“监控”，从而时刻检验自己。

自我加压，给自己的岗位增加“监控”，有时是件痛苦的事，这就需要柜员为自己设定远大的目标，而不仅仅关注眼前的岗位工作。俗话说，“要想人前显贵就得背后受罪”，主动给自己加压，自觉约束自己，这是“背后受罪”的过程，也是一个由痛苦到快乐的过程。

自我约束能力的养成，将会使柜员更好地适应各类工作岗位，有益于自己的职业发展，优秀的柜员都是在自我加压中成长起来的。

我不能坏了规矩

小金的亲戚朋友听说他进了银行，都对他表示祝贺，一方面因为小金找了份好工作，另一方面因为他们觉得有小金在银行，自己到银行就好办事了。

刚进银行，小金兴奋不已，他决心干出点样子来，为了自己，也为了那些对自己寄予厚望的亲朋好友。对柜员的岗位工作熟悉了之后，他产生了一种莫名的失落感，他发现在柜员岗位上并不能给自己的亲戚朋友办什么事。

这时他想换一个工作岗位，但是工作岗位不是想换就能换成的，时间一长，小金便对工作产生了懈怠情绪，再也不像以前那样精神饱满地投入工作，业务技能也好像停滞了。

一年后，当小金还在维持这种工作状态的时候，与他一起入行的一位同事因参加一次业务技术比赛获得了比较好的名次，便与银行签订了无固定期限劳动合同。

这件事对小金的触动很大，他将自己与那位同事做了比较，看到了自己与同事在业务技术和工作状态上的差距，对自己的未来进行了深入思考。他发现，放松自己就等于放弃未来，懈怠就等于落后，甘居人后早晚会被淘汰出局。于是，他下定决心重新振作起来，迅速赶上其他同事。

小金给自己重新拟订了工作计划，给自己一点一点地上“发条”，压任务，设定业务技术指标。经过一段时间的努力，小金得到了领导的认可和同事的赞赏。第二年年底，他被评为支行的先进工作者，第三年又代表支行参加了上级单位的业务技术比赛，并取得了点钞单项前三名的好成绩，因此，他也如愿进入了无固定期限合同员工的行列。

有了这次经验，小金便不断地告诫自己：花在学习上的功夫不能放松，用在工作上的劲头不能松懈，行里规矩不能坏，确保自己利用现有的岗位平台努力提升工作能力。从此以后，小金更加严格要求自己，处处按照行里的最高标准来约束自己，自觉树立岗位标杆，努力让自己更加成熟。

原来，小金总想突破制度约束给亲戚朋友办点事，以显示自己的能力和地位，现在，就是亲戚朋友找到他，他也一定按规定办，决不做破坏银行规矩的事。

一次，他的一位大学同学找他办事，急火火地冲到他的柜台前，正要与他说话，他微笑示意让他的同学排队。这位同学气得连事也没办就走了。晚上下班后，小金赶紧跑到同学家里反复解释，可同学就是不听，认为小金是进了银行跟他耍牛，最后没有办法的小金只能说：“我不能坏了行里的规矩，影响了银行的形象。”

后来，小金又请这位同学吃饭并找来很多同学陪着，和大家一起讨论，才算化解了这场误会。

由于小金严格要求自己，小金的柜员岗位被树立为全行的标杆岗位。

小金的变化缘于思想观念的变化，他在心里为自己增加了岗位“监控”，所以在工作中坚守住了工作原则。原来的小金只从表面上理解银行，理解柜员的岗位工作，随着思想的变化，他对银行和柜员岗位的理解更深刻，也知道自己到底应该怎样工作了。从事银行工作的价值在哪里？思想观念不同的人会有不同的回答，因而也会有不同的行为表现，小金前后的变化也正说明了这一点。小金对自己严了一些，不仅可以防止自己做错事情，更能让自己从优秀走向卓越。

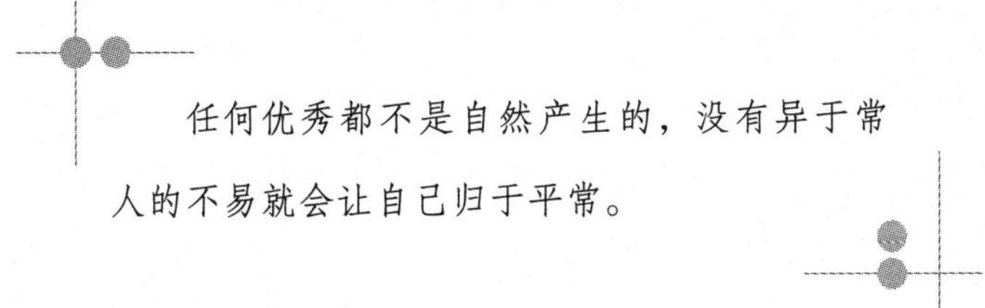

工作中总会有得有失，这正是干柜员所要付出的“机会成本”和所获得的“收益”。小金已经有了初步的“收益”，如果他能继续坚持下去，便可以更好地控制相应的“成本”，从而获得更大的“收益”。

第二章

把形象印在客户的脑海里

现在的各家银行大都有气派的办公大楼，内部装修豪华，有高档舒适的办公家具，这一切为的就是要让客户感觉到该银行很有实力，从而吸引更多的客户。其实，银行里的柜员也是这样，只有树立好自己的形象，客户才容易接受，服务才好进行，工作才好开展，业务才好开拓。

银行员工的形象对银行业务的影响越来越大，作为窗口岗位的柜员，自身形象有着更直接的价值，甚至可以成为岗位的核心竞争力。在柜员岗位上，女员工的比例较高，其主要原因是女性的温柔、灵巧、耐心等特点可以赢得更多的客户，这也对柜员的形象提出了更高的要求。

良好的职业形象就是个人品牌，被客户认可就有开发不完的价值，对柜员自身来说也有利于增强自信心，提高服务能力。形象是内在与外在有机组合的整体，不仅包括天生的容貌、肤色、体形等，也包括后天的穿着、打扮、修养等；既包括柜员表现出来的魅力、风度、气质，也包括难以即时表现出来的学识、涵养、能力等。在工作中，柜员要着重培养自身的气质，为银行争取更多客户的同时也提升了自己的工作能力。

职业形象要达到内外兼修的境界，既有外在的表现力，又有内在的影响力，不仅看着舒服，而且做事让人佩服。

作为柜员，个人职业形象体现着个人的职业能力和修养水平，也是一家银行的实力和管理水平的具体体现，是整个银行业文明程度的外显标志。

柜员职业形象的好坏关系到客户对一家银行的评价，客户会根据接触柜员的第一印象来判断一家银行的优劣。因此，柜员的形象会影响银行的整体业务。不断改善和强化柜员的职业形象已成为各家银行的重要管理工作之一，如果柜员把专业的职业形象印在客户的脑海里，那么当客户需要办理金融业务时，他们自然会选择给自己留下良好印象的银行。

职业形象既是柜员的基本功，也是必修课，而且岗位工作的性质也要求柜员要保持良好的职业形象，完成这一任务需要柜员在日常工作中多加培养和训练。

通过气质提升自己的“面值”

银行营业网点是一个以人为核心的场，这个场具有场能、场强、场效，而影响这个场的核心人物是柜员，也就是柜员通过自身传达出来的精神、气质、状态对客户所产生的影响。如果柜员能够通过自己的行为表现营造吸引客户的场，不仅客户会觉得舒适，愿意进入这个场，柜员的服务过程也会顺畅很多。

客户在接触柜员时，首先是通过柜员的气质状态来感知服务。优秀的柜员正是通过提升自己的气质来增加客户的认可度和吸引力，这也是在无形中提升自己岗位“面值”的过程。

前文说银行是一个场，其实，在柜员服务客户中也会形成柜面服务场，而这个柜面服务场的正能量也依赖于柜员的气质和行为。虽然，气质是一个比较模糊的概念，甚至人们只能感受得到，却难以确切地形容出来，然而在与客户的交往中又起着令人意想不到的效果。气质要通过场来表现，柜员的气质越好，所形成的场就会越强，服务的效果就会越好。

柜员的气质除了受先天因素的影响之外，更重要的是后天的培养，柜员需要通过适当的训练来让自己的气质与自己所从事的工作岗位相吻合。气质好的人，可能不一定漂亮，但是一定能让人们感觉在漂亮之外还有许多“只能意会不能言传”的内涵，让人愿意与其接触。

高雅的气质是由内而外散发出来的，只有内在的修炼达到一定的程度之后，外在的表现才能自信而优雅，才能对他人产生一种磁石般的吸引力。

柜员的气质也表现在生活与工作的方方面面，一个眼神，一句话语，一个动作，一个微笑，都是个人气质的最好注释。有些柜员正是不在意这些日常工作中的细枝末节，导致因某个细节引起了客户的反感，不仅使自己的形象受损，还影响了银行的整体业务。

气质往往反映了一个人对待生活、对待自己、对待他人的态度，一个气质高雅的人不会牢骚满腹，目空一切，更不会随意呵斥别人。气质在岗位上表现为一种涵养，气质好的柜员会保持自己的自然状态，不会因为客户烦躁、说话不顺耳等有过激的反应，而是始终真诚地笑脸相迎。

气质是一种品位，气质好的柜员在言谈举止中透着一种睿智和书卷气，能够为客户提供更多的信息和建议，让客户获得安全感。

气质是一个人内在修养的外在体现，是一个人内在精神状态不自觉的外露，没有内在的修养，表面功夫无论多么好，也会给人一种肤浅的感觉，并为人所不屑。

其实，内在修养的外在表现就是行为、谈吐，以及待人接物的方式和态度，柜员若想培养自己的气质，可以从以上几方面对自己加以修炼，让气质提升自己的“面值”，并从客户的反馈中验证自己修炼的成果。

在培养自身气质的过程中，柜员还应该清楚，气质是一种长期的训练过程，快餐式方法培养不出高雅的气质，更重要的是自己要有这种意识，注重日常生活的一点一滴，切记操之过急，物极必反的道理。

一看你就是领导

一位老太太来到某银行营业厅，办了一会儿业务后，非要找小李，说小李的业务能力最值得信赖，自己不相信其他柜员。

小李接待了老太太，并按照她的意思为其办理了业务，还耐心详细地向老太太解释。办完了业务，这位老太太很满意地笑着说："你看领导就是比员工强。"

小李听老太太这么说，忙解释道："老人家，我不是领导。"

老太太不信地说："一看你就是领导，还这么谦虚。"

这样的事小李遇到过不少，有时同事也开玩笑地叫他"领导"，遇到麻烦事的时候也会找小李说"领导帮个忙吧"，弄得小李哭笑不得。

小李的个子不高，但比较喜欢体育运动，所以身材体形比较好，看上去非常精神。在大学时，他还是学生会的宣传部长，喜欢读书，还经常写一些东西，他每年都有计划地读一些书，并做了大量的读书笔记，丰富了自己的知识面。工作后，他很注重自己外在形象的修饰，虽然穿着一般的工作服，但是他会注意每个细节，甚至领带结打多大，他都做了认真研究。

在平时工作中，小李会关注领导的工作方式和行为，他认为领导能有现在的工作成就一定有其过人的地方。所以，小李主动学习领导做事的方法，凡事从领导的角度思考，揣摩一下如果自己是领导会怎么办，时间一长，他的思想行为还真有点领导的模样了。

开始大家叫他领导的时候，小李还有些不高兴，虽然知道大家与自己开玩笑，但还是觉得有些别扭，也有些同事觉得他在显示自己的能力。但他还是像领导那样严格要求自己，凡是以大局为重。最终，大家也真的认可他了。

小李在工作中很珍惜与大家沟通的机会，他认为与同事沟通是大家取长补短的机会。有时同事遇到困难，小李也会主动过去帮助处理，这时同事除了感激之外，还觉得小李有一种临危不乱的领导气质。随着时间的流逝，小李的工作方式变成了大家认可的工作模式，他也真的像领导一样负起责任，各项工作做得非常有成效。

接待客户时，小李不仅热情耐心而且稳重成熟，不管客户提出什么要求他都给予恰当的解决并耐心解答。有时客户在其他柜员那里解决不了的难题，小李都想办法处理妥当，客户对他的满意度也越来越高，小李几乎成了这家银行网点的品牌。

在案例中，客户觉得小李像领导，并不是觉得小李在摆领导的架子，而是小李外在形象、内在气质、自身修养、负责精神、办事效率和结果确实能给客户一种安全感，能让客户感觉他有领导一般的稳重与成熟。

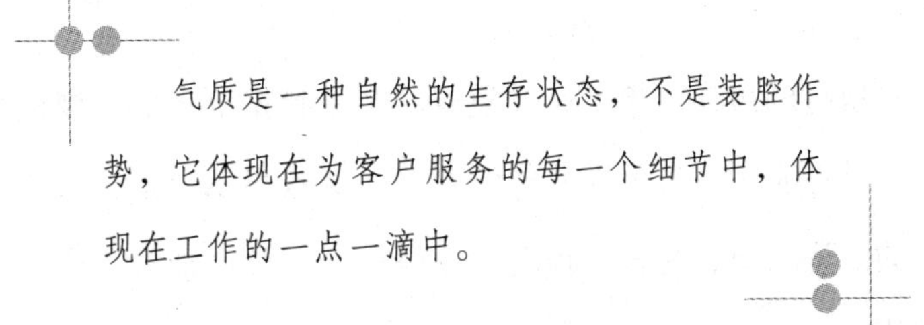

从小李的身上我们可以看到，一个人的气质是可以训练和养成的，关键是自己要有这种意识，并每天坚持下去。小李身上所体现出来的气质不是一天形成的，他不仅注重外表的装饰，更注重内在的修养，有计划地读书写东西，珍惜每一个可以历练的机会，从大学到参加工作，他都在积累

并训练着自己的气质和风度。

小李所表现出来的良好气质，给客户以充分的信任感，客户凭着自己的感觉把他当成领导，找他办事，找他解决问题，这无形中增加了银行的竞争力。在同事中，小李从不计较，表现出从容不迫的良好气度，因而也积聚了自己的岗位人气，营造了良好的工作环境。

良好的气质表现让小李为自己的工作营造了强大的场，吸引了更多的客户和同事，为他的职业生涯提供了帮助。小李受到领导、同事、客户的认可除了较强的工作能力之外，个人所具备的良好气质也为他增色不少。

保持“票面”的整洁度

柜员是银行岗位中与客户打交道最多也最直接的人员，其外在形象直接影响着客户走进银行的情绪，进而影响客户对银行的印象。现在各家银行多把气质佳的年轻人安排在柜员岗位上，正是迎合了客户比较在意柜员形象的心理。

客户对银行的最初印象是通过柜员的穿着打扮形成的，因而柜员需要通过精心安排穿着来完善个人的整体形象。资料显示，陌生人会通过外表对一个人的经济状况、受教育程度、可信任度、社会地位、个人品行、成熟度、家族地位、家庭教养、是否成功等方面做出最基本的判断。

由此可见，保持外在形象的“票面”整洁度，对于柜员赢得客户、提高影响力和美誉度是多么重要，它甚至能影响柜员未来的职业生涯。

为保持良好的外在形象，柜员都应该在发型、服饰、五官、饰品、形体、声音、自我表现等方面做一下形象设计，上岗前应该对自己的职业形象做个检查，如果发现问题要及时纠正，并在结束一天工作后对当天的职业形象做一下分析，以求日后改正。

下面是柜员职业形象自查表（见表2-1），可为柜员自查形象提供参考。

表2-1　柜员职业形象自查表

项目		检查标准	问题自查整改
仪容	头发	无头屑、不染怪发、男士不剃光头、女士不披头散发、不扎“马尾巴”	
	眼睛	无分泌物、避免有血丝、室内不戴深色眼镜	
	鼻子	鼻毛不外露、不当众抠鼻子	
	牙齿	无食品残留物	
	指甲	定期修剪、不涂染	
	胡须	每天清理干净、不留奇异造型	
	气味	不吃刺激味强烈的食物上岗、香水味宜淡、不酒后上岗	
	化妆	女员工可化淡妆、不画眼线、不装假睫毛、不戴大耳环	
仪表	着装基本要求	整洁、美观、实用、个性、协调，突出个人性别、年龄、职业、气质、爱好、身体素质等个性特点	
	工作牌	工作牌佩戴在胸前并与第三颗衣扣齐平	
	工装	不披衣、敞怀、挽袖、卷裤腿、穿背心，衬衣下摆束于裤内，着深色皮鞋，不穿拖鞋，不赤脚，不佩戴与工作环境不相称的饰品，不在腰带上系挂钥匙或饰物	
言谈	声音	低声、亲切、语速适中、语调抑扬顿挫、吐字清晰	
	语言	通俗、言简意赅、表达准确、条理清楚、留有余地、使用文明用语	
举止	眼神	目光坦然、亲切、和蔼、有神，不游移，不死盯对方	
	坐姿	坐姿文雅，拜访客户未经允许不坐下，落座不大声，无小动作，避免双腿叉开过大、架腿、双腿直伸出去、将腿放在桌椅上、抖腿，等待时保持良好坐姿	

（续表）

项目		检查标准	问题自查整改
举止	坐	从座位左侧入座，向周围的人致意，背部接近座椅，上身向前趴伏，离座时应事先说明，从左离开	
	站	站姿要挺拔，头正，双目平视，嘴微闭，收颌梗颈；面部平和自然，双肩放松，稍向下沉，呼吸自然；躯干挺直，收腹，挺胸，双臂放松，自然下垂体侧，手指自然弯曲；身体重心放在两脚中间，两手在腹前交叉，男士置于脐部，女士置于脐部稍高位，也可以双手在身后交叉，右手贴在左手外面；男士可以两脚分开，脚尖向正前方，与肩同宽或距离不超过20厘米；女士可以用小丁字步，右脚在前，左脚在后；站立与人交谈时不要两手叉腰，或双臂交叉在胸前	
	走	行姿稳重，双臂前后自然摆动，摆时以肩关节为轴，上臂带动前臂向前，前臂不向上甩动，向后摆动时，手臂外开不超过30度；步位直，两脚落地的距离大约为一个脚长，行进速度均匀、平稳，不从谈话的人中间走过	
	笑	自信，礼貌；放松面部肌肉，使嘴角微微上翘，嘴唇略呈弧形，不牵动鼻子，不发出声音，不露出牙龈	
礼节	与客人或领导谈话时	态度诚恳，音量适中；面对对方，不晃动身体；精神专注，注视对方；不玩弄其他物品或东张西望	
	在公共区域与客人碰面时	行走时看到客人后应放慢脚步，距客人约2米处，靠边停止避让，目视客人面带微笑，轻轻点头致意问好	
	进入房间时	先敲门，稍候2～3秒再进入，开门关门时动作要轻	
礼貌		见到客人、领导、同事要主动打招呼；礼貌用语要与眼神及面部表情相协调；上班前要调整心态，不能带情绪上班	

早操

梅女士是位做柜员出身的支行长，比较重视柜员的职业形象，她经常对柜员说："柜员整天面对客户，总是无精打采的，谁愿意把钱放在你这儿啊！"梅女士每天早上都带着柜员进行10分钟的形象训练，虽然每天的时间并不长，可常年坚持下来，真的使柜员发生了不小的变化。

梅女士带领大家训练的内容主要有三项：一是衣着打扮；二是表情动作；三是语言语气。

在衣着打扮方面，梅女士要求柜员除了按照总行的要求着装外，自己也要做一些特色化设计，她还对女士的头花、首饰及男士的领夹等进行了个性化装饰，提升了大家的气质；在表情动作方面，梅女士先进行了程式化的设计，然后不断地演练，直到能够准确表达柜员的职业化形象，自然轻松地面对客户为止；在面对客户如何说话方面，梅女士制定了一套对答方案，甚至对使用哪个词更合适，怎样停顿等问题都做了设计，并对用什么语气表达都经过了无数次试验和演练。

梅女士还聘请了职业形象顾问，每周为大家讲一次课，纠正柜员在岗位工作中存在的问题，定期为每位员工进行形象设计和检查。柜员每天按照形象顾问讲的内容进行一招一式的训练，把每个人的定型设计内化为每个人的日常生活习惯。在银行正常工作之前，每天早上都有一位柜员做形象演示，然后大家讲评，并与自己形象联系起来理解形象设计原理，纠正不规范的习惯动作和装束，让理想的形象成为每位柜员的自然状态。

经过一段时间的训练，每位柜员的形象发生了较大变化，过去大家对理想的形象不适应，做起来觉得别扭，现在柜员自己也感受到精气神与以前不同了。有的柜员回到家里，家里人也感受到了他们的变化，不仅变得漂亮帅气了，精气神也特别足，甚至家里人也受到了影响，从而更加注重自己的形象。

经过训练后，每位柜员在接待客户时，除了着装打扮统一外，表情、动作、说话的方式、语气，甚至用词都差不多，处处透露着一家银行的精神面貌。他们不仅获得了个人能力的成长，也给客户留下了深刻的印象，为银行赢得了更多的客户。

很多客户感觉这家银行的柜员与其他银行的柜员不一样，特别有朝气，不光看着舒服，办起业务来也透着精气神，在这里办业务感觉特痛快。

梅女士工作的这家银行至今仍在进行形象训练，不是因为领导的要求，而是每位员工都从中得到了益处，从心底认可了这种训练方式。新员工入行，他们除了跟老员工学习之外，自己也利用业余时间训练和修饰自己，因为他们从前辈的经验中看到了这样做的好处。

现在这家银行虽然不像过去那样训练了，但是早上训练的传统还保留着，每天早上还会进行老带新训练，保证职业形象的优良基因传承出新。

对柜员来说，能够在这样的团队里工作、在这样的行长手下学习是幸运的。从这个团队中锻炼出来的柜员除了工作干得好之外，个人生活也经营得不错，在社会生活中也会透露出职业的自豪感。

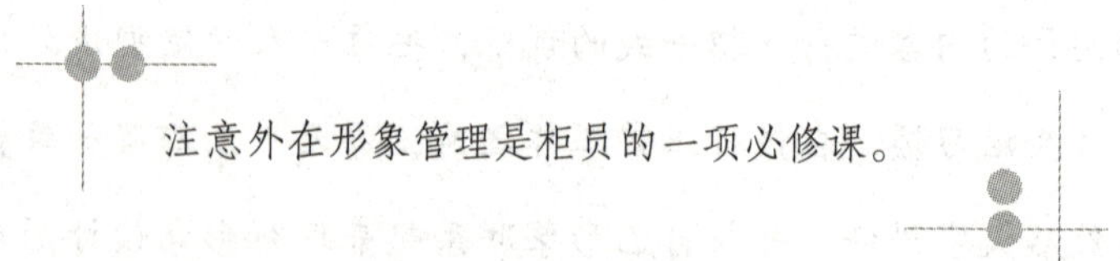

经过这样的训练，柜员的社会认可度提高了，银行的业务量也有了大幅度提升。职业形象的变化提升了柜员的个人气质，改善了工作和生活的社交环境，一些大龄的柜员在收获事业的同时也找到了人生伴侣。

打造“资深”品质

银行是靠经营信用为支撑的企业，客户的信任是银行经营的本钱。那么，客户的信任来自哪里？其实，客户的信任既来自银行的实力，也来自柜员“资深”的服务。

对于毛手毛脚办事的柜员，客户常会怀疑他们的能力，进而影响到银行业务的开展。因此，打造柜员的“资深”品质，增强客户的信任感，是银行打造窗口品牌的重要课题。

“资深”需要历练，柜员没有相应的历练很难让自己成为“资深”柜员，努力增加自己的岗位阅历就可以缩短达到“资深”的距离。通常情况下，“资深”与工作时间成正比，老练纯熟的业务技能来自于日常自觉的职业化训练。

“资深”表现在金融知识和业务能力的掌握上，在客户询问和办理业务的过程中，“资深”柜员要及时给出准确的回答并迅速办理，甚至精益求精，这样才能得到客户的认可。

“资深”表现在处理业务的经验上，经验越丰富的柜员在办理业务时就越自如，客户也就越容易相信该柜员的“资深”品质，更不会轻易找其麻烦。

“资深”表现在心态上，“资深”柜员无论对工作还是对客户始终保持一种平和的心态，不慌不乱，做事有板有眼，面对客户的各种质疑处变不惊，从容应对。

“资深”表现在岗位工作的价值上，柜员在岗位上承担的责任越重，对其他岗位越有示范指导的作用，越容易具备“资深”品质，越容易被客户认可。

上面我们讲到“资深”柜员的诸多优势，那么，我们应如何打造自己的“资深”品质呢？结合我们培训多家银行柜员的经验来看，应从以下几个方面做些工作：

一是塑造自身职业形象，让客户感受到你的专业性；

二是加强业务技能的训练，为客户提供快捷方便的服务，让客户感受到你是位训练有素的“快枪手”；

三是加强金融知识的学习，让客户真实地感受到你是金融行业的行家里手；

四是加强业务经验的积累和总结，顺利处理客户提出的疑难问题，让客户见识你的职业经验和能力；

五是多与客户主动交流，学会“秀”自己，让客户感受到你的热情和亲切。

越是优秀的柜员越能够自觉具备相应的“资深”品质，成为银行的无形品牌和客户心中的依靠。

给客户摸底的机会

小成刚从事柜员工作时手心里总是汗津津的，紧张得不得了，而且越小心越出错，还常常需要老员工帮他结账，客户看他又慌又慢的样子还常常故意刁难他。回想起当时的情形，小成有种无地自容的感觉，他说那段时间自己真的不想干了，后来，老员工都安慰他说这是必经的阶段，告诉他眼前最重要的是抓紧时间熟悉业务、练好技术。

听了老员工的劝慰之后，小成开始稳定心神，寻找学习的标杆，设定一个个具体的追赶计划，努力让自己在最短的时间里成为“资深”员工。

坚持了一年多，小成在工作时感觉自己有了自信，在处理岗位疑难问题时也多了几分从容。客户对他的态度也发生了转变，看他的眼神多了几分敬重。

以前小成最怕与客户的眼神交汇，工作之外也不愿与客户接触，经过一段时间的学习和训练，他主动走进社区进行业务宣传，一边向居民发放宣传材料一边解释金融知识，并给有意向的居民留下联系电话。小成热情诚恳的工作态度给小区居民留下了深刻印象，全然不见当初的胆怯。

一位老大妈听了小成的宣传后，带着很多疑问来找他。他不厌其烦地解释，直到老大妈听懂为止，老大妈边听边夸赞小成说："这小伙子真在行，啥都能给我说明白。"

老大妈问小成："我有两万元钱，存个定期行吗?"

小成说："要是您的钱一两年不用，存定期挺好的。"

老大妈又问："存多长时间好呢?"

小成说："如果您几年不用这钱可以存得长一点，如果说不准就存短一点，我建议您拿出一部分钱存成定期的，另一部分钱可以做理财。"

老大妈听后说："小伙子说的有道理。"可是这位老大妈听后就走了，并没有存钱。

同事看到后就和小成开玩笑，说："看你为两万元钱费这劲，还没存，老大妈逗你玩儿呢!"

小成笑着说："就算我练练手，让他们摸摸底吧。"

第二天，老大妈把她的老伴带来了，又问了许多问题，小成仍然耐心地给予解答，两位老人非常满意。

同事跟他低声说："逗你玩儿呢!"

小成还是不动声色地对两位老人说："你们有什么不明白的尽管问，我会尽自己所能给你们相应的帮助。"

老大妈听了小成的话，说："我们咨询了好几家银行，没有谁这么耐心地给我们说得这么明白，行啊，小伙子，我们相信你。"说完，老大妈从包里拿出10万元钱，让小成帮着存上，并笑着说："帮我存高利息的啊！"

小成赶忙针对这10万元钱为老人做了一个详细的理财计划，两位老人听了非常满意，高兴地对小成说："我们还有点钱，以后就交给你帮我们安排了。"

做事稳重、考虑周全是"资深"品质最通俗的解释，小成对人对事，特别是面对客户时的表现，正好验证了柜员从稚嫩到成熟的蜕变过程。任何"资深"的表现都不是天生的，而是一个不断训练的过程，小成从稚嫩到成熟也经过了这样艰难的成长过程。

要想尽快从"生瓜蛋子"进化到"资深"柜员，就要像小成一样有紧迫感，并找到相应的方法，寻找可能的机会严格训练自己。小成的表现让我们感受到了一个"资深"柜员所具有的平和心态和不急不躁的行事风格，也告诉我们不要一味地追求眼前利益，而要把眼光放得长远一些，这样才能收获更多的成功。

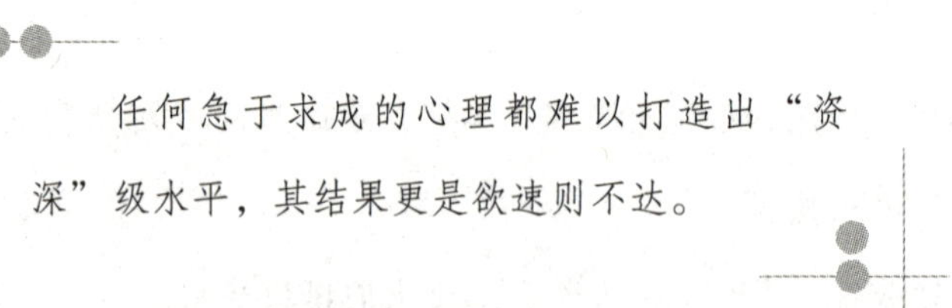
任何急于求成的心理都难以打造出"资深"级水平，其结果更是欲速则不达。

小成通过自己的服务表现出了"资深"级水平，让客户认可、佩服、信赖，也证明了耐心是柜员最重要的"资深"素质，缺乏耐心的柜员失去的不仅是客户，还有自己的未来。

保持礼仪的“汇率水平”

银行是服务性行业，服务礼仪在银行的运营中起着非常重要的作用，特别是柜员的服务礼仪直接左右着客户对银行的感受，也就是说，很多客户是通过柜员的接待方式来判断和评价一家银行的。

柜员在工作岗位上接待客户、办理业务、处理问题时，仪容、仪表、行为举止、文化内涵、素质、修养、沟通、工作态度等都会直接传达给客户，客户会通过自己的感受来选择到哪家银行办理业务。

由此看来，柜员的礼仪传达方式如果能够让客户识别、认可、理解、甚至欣赏，就能保持礼仪相应的“汇率水平”，向客户传达更多的价值内涵。

各家银行对柜员的服务礼仪都有自己的规定和规范，而且这些规范是通过多年的运营经验总结出来的，每位柜员都应该按照这些规范来为客户提供服务。一般的柜员服务礼仪包括日常接待、有效沟通、客户抱怨及纠纷的处理、服务方式与技巧等，服务过程的每个环节都应按照规范来做并让客户理解和接受。

柜员良好的服务礼仪可以提高客户的认可度，可以让自身在规范礼仪服务中逐渐成熟起来，提高服务的有效性。柜员讲究服务礼仪也是对客户的尊敬，当客户感受到这种尊敬时，他们会回报以尊敬，乐于配合各项业务的办理，提高对银行的忠诚度。

柜员的服务礼仪需要符合客户的期望，比如信守承诺与约定，始终保持热情的态度，宽容并理解客户的失误甚至是挑剔，能够真诚坦率地与客户交换意见，时时事事为客户着想，始终把客户的利益和需要摆在第一位。

在具体办理业务的过程中，柜员的工作顺序和质量非常重要，要坚持先外后内、先急后缓，先业务后事物；要确保步骤清晰、节奏明快、快收快付，核算准确；要做到问候在先、应答在后、缩短时间，减少等候；要强调态度和蔼、欢迎监督、随时沟通，化解矛盾。柜员除了严格遵守各项规章制度之外，还要讲究服务礼仪，让客户体验到高效办公的同时也感受到柜员周到的服务礼仪。

无论在什么情况下，柜员都要保持稳定的心态和情绪、重视顾客、笑脸相对、专心致志、使用文明用语，并保护客户隐私、增加客户的信任感，工作追求高标准，打造服务品牌。

优秀的柜员所传达出的礼仪内涵不仅能够让客户读懂和接受，而且能通过实际行动增加与客户的黏性，始终与客户保持较高的“汇率水平”。

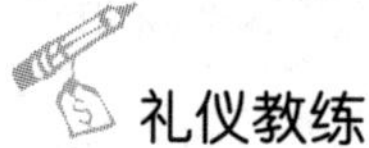

礼仪教练

小常在工作中比较重视职业服务礼仪的学习和研究，她在新员工的服务礼仪培训之后就被当作标杆在历次培训中表演。

小常学过舞蹈，在大学时还当过学校舞蹈队的队长，原来准备考文艺团体，后来进入银行工作，一接触服务礼仪立即提起了她的兴趣。小常的先天素质很好，人长得也很漂亮，再加上她的业务能力比较强，很快就成了所在银行网点的“品牌”。

小常除了“形”方面优秀之外，在“神”方面也做了许多功课，每天进行微笑、形体、姿态的训练，她每天书不离手，向专家请教，向能手学习，经过长期的训练基本做到了形神兼备。

这样一来，小常接触的人多了，客户多了，知名度也高了，很快便有人请她去讲服务礼仪课，这对她来说是一个很大的鼓励。她开始系统学习服务礼仪的相关理论，学习他人的经验，总结自己在训练过程中的不足，对服务礼仪的系统理论、方法和传授能力有了更深刻的理解。

小常培训了一批又一批服务行业的员工，也培训了一批批市场营销人员，甚至还受邀给学生上课，给幼儿园的小朋友传授礼仪、礼节、礼貌等传统文化知识。

小常为大部分企业客户讲过课，但是没收过任何费用，她说："为客户服务是我的本职工作，能够为客户服务也是我的荣幸。"对个人客户，小常也经常向大家讲自己的形象理念，讲服务礼仪的心得，通过形象宣传来增进银行与客户的关系。

一天，一位女客户跟小常说起减肥的事，小常就跟对方讲起了形象设计的问题，并和女客户约定去客户家里与其家人探讨形象设计与礼仪的问题，还答应帮助客户的家人进行形象礼仪训练。

小常到客户家里后，那位女士的家人并没有表现出多大兴趣，小常便先聊形象礼仪对岗位工作的意义，对孩子未来发展的作用，调动了客户家人的兴趣，接着她便帮客户的家人进行形象设计并进行了礼仪、形体、行为的训练，她也成为这家人免费的形象顾问。

经过一段时间的训练，这家人不仅在形象、接人待物、为人处世等方面有了变化，每个人的心理和家庭关系也发生了变化，更加注重自我约束和相互理解了。

从此以后，找小常做形象礼仪咨询的人越来越多，她休息的时间越来越少，但她乐此不疲。她发现自己为大家做顾问的同时还可以宣传一些理财知识，帮助大家打理好手中的钱财，这不仅帮助了大家，还增加了银行的业务，她所在的银行网点的知名度和美誉度也都在提高。

礼仪是在社会交往中约定俗成的行为规范，银行的服务礼仪也是通过对通用礼仪进行提炼后确定下来的，而且需要在特定环境下获得人们的认可。小常热心做客户的形象礼仪教练，让客户在办理业务的过程中体会和享受柜员给予的尊重和优待，这正是客户取得认可的好方法。

小常主动给客户做形象礼仪设计，实际上也是一种与客户的情感沟通，并以此建立一种可靠的联系，增强情感的融合性和心理的认可度。从某种意义说，小常具有这种天赋，也对形象礼仪之类的事情感兴趣，因而她做得比较好。

有些柜员并不看重形象礼仪，他们觉得客户到银行就是办理业务，把业务办完就算完成了任务，哪有那么多讲究。其实，这种想法存在偏差，无论柜员还是客户，都希望在融洽的气氛中办理业务，所以小常为客户办理业务时提供客户愿意接受的其他服务是值得赞赏的。

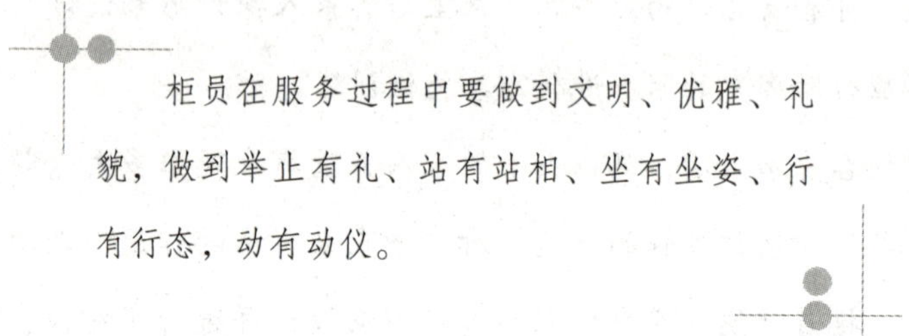
柜员在服务过程中要做到文明、优雅、礼貌，做到举止有礼、站有站相、坐有坐姿、行有行态，动有动仪。

柜员的工作强度比较大，压力也比较大，常有心情不好的时候，每到这时就很难想到形象礼仪的要求，用柜员的话叫“没心情”。其实，这种“没心情”是非职业化的观念和行为，这种观念与为客户服务好，办理好业务，增强对客户的吸引力是背道而驰的，也是银行内部管理所不允许的。

小常的优秀就在于她的思想观念与银行的内部管理相一致，行为自觉，因而获得了客户的欢迎，银行的业绩也得到了提高。

与客户始终处于“在线”状态

在银行营业的过程中，经常发生客户与柜员闹矛盾的事，究其原因多是柜员与客户之间沟通不畅造成的。

在银行营业网点发生矛盾，不仅影响银行正常的经营秩序，更影响柜员和银行的形象，甚至形成连锁反应，影响客户对银行的信任度，进而影响全行业务的开展。

一般情况下，银行只强调柜员不能与客户发生矛盾，更不能吵架，有的银行甚至还设有“委屈奖”，但这并不能从根本上解决问题，因为“委屈”是矛盾爆发的导火索。从形象礼仪和沟通的角度看，无论柜员与客户之间发生了什么事，都不应该发生吵架的事情，因为这不符合银行员工的身份和形象。

如果把自己看作是一位有风度、有修养的银行柜员，有着较高的社会地位和优雅的工作环境，就很可能减少与客户的矛盾。如果是一位自信、诚恳、风趣的柜员，无论与什么样的客户接触，都很难发生不愉快的事情，这样的柜员也能在谈笑风生中化解矛盾。

如果与客户沟通始终处于“在线”状态，保持沟通的连贯性，各种矛盾就会化解在业务办理的过程中，化解在矛盾产生之前。良好的沟通不仅可以化解矛盾于无形之中，甚至可以此为契机加深与客户之间的感情，让彼此的沟通成为感情联络的机会。

柜员要与客户始终处于“在线”状态，就要主动放低姿态，学会倾听，不管客户说什么都用心体会，然后给予最大的包容，提供最恰当的帮助。在与客户沟通时，柜员一定要专注，看着客户的眼睛，微笑且不时点头，给客户以最大的尊重，千万不可心神不定，呵欠连天，甚至走神儿，那样客户无故而怒也就情有可原了。

良好的沟通需要柜员了解客户的爱好，找到客户喜欢的话题，如果有些内容自己不了解，柜员就要利用业余时间抓紧学习，扩大自己的知识面，比如，有的客户喜欢汽车，那么优秀的柜员就要掌握一些有关汽车的知识，以此为切入点与客户尽快处于“在线”状态。

与客户沟通最怕的就是柜员中途“掉线”，如果柜员接不上客户的话题或想法，就可能遭遇尴尬，也会给客户关系埋下隐患。优秀的柜员在与客户沟通时永远处于“在线”状态，这也是其受客户欢迎、业务绩效好的原因之一。

应急预案

从事柜员工作的第一年，小黄被客户投诉了三次，客户不满意，领导不满意，自己更不满意。这样的状态既影响自己的收入，又影响了心情，她越想越窝火。

令小黄不解的是，自己按照规章制度办理的相关业务，并没有什么差错，只是客户无理取闹，自己反而受到领导的批评。

小黄对自己这几次被投诉的情况进行了分析，对与客户交流过程的每一个环节进行了模拟重现，然后进行换位思考，发现自己在与客户沟通过程中的确有一些地方欠妥。为了防止发生类似的事情，小黄对自己的服务过程进行了分解，还向老员工请教与客户沟通交流的方法，并把同事遇到的一些问题进行分类整理，然后根据自己和他人的经验，形成预案。

通过分析整理，小黄将可能遇到的沟通问题分成五大类：一是误解类；二是特别要求类；三是无理取闹类；四是说明解释类；五是操作失误类。小黄整理了30多份预案，每份预案都对客户特点、所遇问题、沟通方法、沟通依据做了详细说明，每份预案都有很强的针对性。

一天，一位老奶奶急匆匆地来到小黄的柜台前说："我的存折不见了，我要挂失！"

见老奶奶走近柜台，小黄微笑着说："老人家您别着急，我会帮您处理的，看您老人家的脚步就知道您身体特棒。"

老人听了小黄的话心情好了很多，说："我的身体是不错，就是脑子不好使，这不存折找不到了。"

小黄问："您带身份证了吗？"小黄看一下身份证，又问："存折是用您的身份证办理的吗？"

老奶奶回答说："好像是我老伴儿的名字。"

小黄马上拿出早已准备的预案指着依据栏的内容对老奶奶说："真不好意思，银行有规定，得让您老伴自己来办理这个业务，或者您拿着您老伴的身份证和自己的身份证来办理，七天后由您老伴本人来办理解除挂失，补制存折。"

老奶奶急切地说："他没在家，这可怎么办呢？"老奶奶显然有些着急。

小黄安抚老奶奶道："别急老人家，请您老伴本人口头挂失也可以。现在银行可以进行电话口头挂失，等您老伴回来再进行正式挂失。"

老奶奶还是有些担心，小黄亲切地解释说："老人家，您放心，您的钱在我们银行非常安全。"

老奶奶听取了小黄的意见妥善解决了这件事，临走时说了好多声谢谢，说以后还要找小黄办理业务。

小黄的可贵之处在于遇到问题能够冷静下来，认真思考，分析研究后找到切实可行的方法，然后有条理地应对各种复杂情况和问题。

制定问题处理预案是一个非常复杂的过程，要把各种不同的情况和问题进行归类，提出相应的对策，并把预案的每个细节具体化，把操作方法日常化。在工作中灵活地运用这些预案也不是件容易的事，因为日常工作千变万化，办理业务时会涉及很多模式，但小黄在具体工作中处理得非常恰当，这要归功于她平时的积累与训练。

有时一个眼神的接触就可以达到良好的沟通效果，通过眼神所透露的信息也可以让客户相信你的真诚和善意，从而化解客户心中的疑问。

小黄首创了柜员岗位问题处理预案，所以她在依照预案进行问题处理的时候更灵活，更有效。如果每位柜员都能像小黄那样主动结合自己的岗位工作，进行一些原创性的岗位思考和建设，将对银行整体工作产生巨大的推进力量。

小黄与客户的沟通由生硬变得顺畅，是她整理预案过程的思考让其对岗位工作的价值有了更深刻的认识。她在执行预案的过程中也让自己面对了更多的客户，同时自己也逐渐成熟起来。

小黄的前后变化得益于她的思想和行动的变化，得益于创新求变的精神，得益于她钻研敢试的风格，更得益于她细心扎实的作风。

从小黄的案例中，我们可以看出，有意识、有准备地和客户沟通比随意沟通，效果要好很多。其实，小黄创建和运用岗位问题处理预案的过程，也是自身成长和锻炼的过程，在不断的历练中，小黄将会从普通变为优秀，而每位优秀的柜员都是这样千锤百炼而成的。

让客户找到识别“水印”

银行对员工的统一性要求比较高，特别是柜员岗位，需要统一的事项更多，从礼仪、着装、办公用具到业务流程，甚至服务用语都有标准化要求。尽管如此，客户还是能够用自己的方式去识别每位柜员，其中，柜员个性化的形象、行为方式和业务处理方法会给客户留下深刻的印象。

和钱币上的“水印”一样，如果每位柜员都能形成自己的特点，形成独具特色的识别系统，并能得到客户认可，这会对柜员工作的开展起到巨大的推动作用。那么，如何让客户找到识别柜员的“水印”呢？根据多年我们做银行培训的经验来看，柜员除了在形象设计方面做文章外，更重要的是增加自己的内涵。

一是要给客户留下良好的第一印象，让客户见到你的第一眼即有一种喜悦的感觉，让自己的微笑、语言饱含着积极和热情，传达出真挚、亲切和友好的感觉。

二是除了按银行内部所规定的程式化语言与客户交流外，一定要用个性化的语言传达自己对工作的热情，对客户的尊重，不要让客户产生你在应付他的感觉。

三是不要对客户像陌生人一样，尽管他是第一次来这里办理业务，也要像接待老熟人一样热情，切不可用程式化的超短句进行机械对话，要让自己的每一句话都饱含关切之情。

四是在切入与业务无关的话题时，要选择对方感兴趣的话题，要让自己处于引导和补充的地位，在自然而然中传达你的见识和修养，既让客户感觉到你的水平，又要维护客户的自尊。

五是要培养自己的兴趣和爱好，让客户感到你是一位有品位又有趣味的人，比如关注体育项目、喜欢机械制造，甚至对文化历史有研究等，这些都会引起客户对你的兴趣。

六是要放大自己的长处，让客户更多地了解你在某一方面的优势，并让他在与你的交往中更欣赏你，从而愿意与你共事。

七是用幽默的方式让客户在你面前快乐起来，用自己积极的情绪感染客户，让客户在与你交往的过程中不仅解决自己的问题，同时也享受到与人沟通的快乐。

八是始终让自己保持旺盛的精力、飞扬的神采、充沛的精力、进取的意识，防止神情倦怠、精神涣散、局促不安的精神状态影响客户的情绪，甚至引起客户的不快。

柜员能否为客户接受和喜欢，与个人是否具备人格魅力有直接的关系，这里所说的“个人魅力”能提高客户对柜员的辨识度。柜员要想修炼自己的个人魅力，就要在道德品格、思想情感、性格气质、学识教养、处世态度等方面多做功课。一位优秀的柜员一定会通过不断培养自己的个人魅力来完善自己区别于他人的“水印”，让客户容易识别并因此与其建立良好的关系。

给客户画速写

小胡从美术学院毕业后准备做一名自由职业者，可是阴差阳错进入一家股份制银行做了柜员。刚开始，她并没有打算在银行长期干下去，因为她心里还怀揣着艺术的梦想。

进入银行工作之后，她发现银行工作没那么枯燥乏味，柜员岗位也没自己原来想象的那么无趣，甚至她在心底隐约感到这里也许就是自己实现梦想的平台。

银行里的很多同事是经济、金融、财会等专业的毕业生，像她这种艺术类院校毕业的人实属个别。因此，她想若自己能把所学运用到现在的岗位工作中，说不定可以找到全新的生活。她觉得自己与其他同事的业务差距太大，所以便拼命学习柜台业务，而且要把岗位业务与个人兴趣结合起来，发现岗位不同的美好。

小胡时常想起父母对自己说过的话：你有什么理想也得先保证自己生存下来，如果养活自己都成了问题更别奢谈艺术，况且生活本身就是艺术，岗位工作是艺术创作的源泉。

想通了这些，小胡也找到了自己所长与工作的结合点。她利用休息时间为来办业务的客户画卡通画并送给他们。一次，一位女士带着孩子来办业务，办理完业务后，她对女士说："大姐，这是我给你家小朋友画的卡通画，上面有我的签名，祝你们快乐！"

那位女士接过画，半天没有回过神儿来，看了一会儿画，又看看小胡，激动地说："谢谢你，没想到来银行办业务还有礼物呢！"后来，那位女士每次来银行办业务都会找小胡。她们因为这张画结缘，接触的机会多了，感情也深了，那位女士还常常介绍同事来找小胡办理业务。

小胡也会下班后通过察看监控录像给客户画速写，当他们第二次来办业务时送给他们，有的人就是为了求得一张速写来找她办业务。

对那些第一次来银行办业务的中年人，她通常会画一些情景速写，其中加进客户的形象，在他们第二次来办业务时送给他们，这让客户激动不已。

因为给客户画速写，小胡的知名度迅速提升，许多客户慕名而来，她也成为全行人气最旺的一位柜员。任何人的成功都要付出相应的辛苦，画画几乎占用了小胡全部的业余时间，可她仍然乐此不疲，甚至常常为客户找她求画的事情感动着，这也是对小胡工作的一种鼓励，激励她更加努力工作。

经过几年的学习和摸索，小胡已经找到了怎样通过绘画来表现自己的岗位生活，怎样用绘画来促进自己的工作，怎样把兴趣和职业结合在一起的方法和途径。几年下来，她已经画了上千张画，她的绘画技法日益熟练，表现能力日益提高，思想日益深刻，在父母的支持下正在准备出版一本“银行窗口人物志”的绘画集。

在绘画技艺提高的同时，小胡的工作能力、服务质量也日趋成熟，不仅得到了客户的好评，而且受到了领导的肯定。由于工作突出，群众基础好，小胡被上级单位调到总行从事个人业务服务的工作。

小胡的成长过程看似歪打正着，实际上这其中有她深刻的思考和积极的准备。小胡通过自己绘画的能力打通了与客户交流的渠道，建立了客户识别小胡与其他柜员的“水印”，并且赢得了客户和领导的好评，最后成就了自己。小胡的经历也证明了，任何人都不会随随便便成功，任何一种成长都会伴随着痛苦的过程和甜蜜的结果，任何进步都需要长期的准备过程。

每个人都有自己的特长，关键是怎样挖掘和发挥，有时候知识和能力的“杂交优势”在岗位上表现得更为明显。

如果你喜欢绘画，你可以像小胡一样发挥自己的特长成就自己的事业；如果你喜欢其他项目，说不定会比小胡发挥得更好，关键是自己要用心，找到自身优势与工作的结合点并付诸行动。

有人担心，这样会不会影响正常业务的进行，其实，要避免这个问题就需要柜员在做这些事情的同时，有一个好的规划。就像小胡一样，在发挥自己特长之前要做好本职工作，处理好爱好与工作的关系，让两者互不冲突反而互相促进。

在柜员岗位上，有什么本事都不会浪费，关键看你怎样利用。有的人一走上柜员岗位就好像没有了未来，即使你真的没有未来也不是岗位的问题，而是你放弃了自己，没有利用好自身优势与工作的结合点。

能够让客户轻易识别并认可你，柜员岗位是基础，能力是关键，规划是前提，想清楚柜员岗位与自己的关系，柜员岗位就是成就你的最好平台。

第三章

把服务当作生活的方式

为什么工作，职业意味着什么，岗位需要做什么，这些都是每位柜员在进入银行工作前需要认真思考的问题。很多人在选择职业的时候并没有考虑那么多，有的人甚至只是为了找一个可以暂时安顿自己的地方。

如果你把柜员看作一种职业，并把职业转化为事业，那么它就是你安放灵魂，借以实现远大理想的平台；如果你把柜员看作一份工作，并从中寻找到快乐，它就是一服愉悦身心，推动自己不断成长的良药；如果你把柜员看作一个岗位，并在这里培养兴趣，它就是一个能够让你心灵手巧并学会如何为他人提供帮助的工具。

刚刚走上工作岗位的人，不可能想得那么远，但是一定要知道这个岗位对你来说意味着什么，并把现在和未来联系起来。有了这种对职业和人生的系统思考，才会把职业和人生融合起来，把职业当作人生过程中的一种生活方式，才不会面对职业、工作和岗位产生深重的煎熬感。

柜员岗位是银行为客户提供服务的窗口，人们通过这个窗口可以看到柜员面对工作的态度，甚至可以体会到柜员对工作价值的认知程度。如果柜员把为客户服务当作自己的生活方式，那么为客户服务的过程就是一种生活，你可以从中体会到生活的乐趣和美好。

其实，柜员为客户服务的过程也像生活一样，生活中会有这样或那样的不如意，工作也是一样的。如果柜员把工作当成生活，在工作中遇到困难时就会对此淡然一笑，努力解决困难一切都会好起来。柜员的岗位生活看似千篇一律、平淡无奇，但这正是最真实的生活，生活本来就是平平淡淡的，我们的责任就是怎样让它变得精彩起来。

柜员岗位是个人理想的附着点，也是个人成长的训练场。如果柜员把它当作一种生活方式，那么在努力工作的同时，也会使生活变得丰富多彩。

细节服务勿“欠息”

柜员的主要工作是为客户提供服务，工作的宗旨是为客户解决问题并令客户满意，其结果是提高客户的忠诚度并为银行创造更多的利润。

客户在选择哪家银行办理业务时一般受三个因素影响：一是品牌，客户希望享受优质的服务；二是产品，能很好地解决面临的问题；三是人员，有亲近感的银行员工。

品牌是柜员在为客户服务的过程中树立起来的，产品是柜员为客户办理业务时产生的，能否让客户体会到亲近感，与柜员的表现直接相关。因此，柜员是客户是否选择这家银行办理业务的最主要因素。如果柜员想吸引更多的客户，就要注意自己服务的细节，不要让服务存在“欠息”。也许因为你一个小小的失误，就错过了客户选择这家银行的机会，长此以往，这家银行的整体业务也会受到影响。

客户在接触柜员时，最初几次可能在乎柜员所表现出来的外在规范和业务技能，如果是老客户，则更在乎为自己服务的那个人。那么，如何才能让新客户变成老客户呢？柜员在第一次接触客户的时候就要给客户留下良好的印象，如果再次需要你的服务，你满足了他的期望值，就会加深他对你的印象，他也会继续享受你的服务，帮你实现你和银行的目标。

客户认可柜员的服务，除了柜员的业务技能符合操作标准之外，客户更追求在享受细致服务的过程中体会柜员的友好和热情。当客户遇到难事、急事，柜员能够像对待自己的事一样去办，客户就会觉得柜员是可以信赖的人，客户就会愿意找柜员帮忙，而柜员在帮助他人的同时也成就了自己。

人都有依赖心理，客户在接受柜员服务的过程中也有依赖心理，他觉得找你办事顺利高效，就会成为你的老客户。你的服务越好，你的忠诚客户也就越多，业绩也会自然而然地提高，个人职业生涯也会不断发展。

其实，柜员在为客户服务时，无论是服务流程还是时间顺序，都有规律可循，按照某个规律去做，客户就会走近你、信任你、依赖你，从而成就你。

如果你没有摸索出服务客户的规律，服务不到位，就会令客户产生“欠息”的感觉。这时，客户对你的服务不满，甚至反感，更有甚者会发生纠纷，让你的岗位工作难以继续下去。服务过程中的“欠息”行为，会导致客户的心理损失，他会认为你的服务价值不足，最终影响柜员的个人工作乃至银行的整体形象。

把对客户的真诚服务贯穿于服务流程的每个环节，并表现得自然流畅，这样的服务才能得到客户的认可、喜欢和赞誉，进而让客户与银行双方获益。

充满深情的纸条

小吴刚做柜员的时候非常刻苦地钻研岗位业务，苦练服务技术，很快就熟悉了柜员服务的流程和方法。

在她看来，自己的服务不仅符合银行柜台业务操作标准，而且比较细致，从没有出过差错。可是她这样工作了一段时间之后，并没有得到领导和同事的赞扬，这让她的心里有些不是滋味，甚至影响到了工作热情。

小吴问自己为什么会这样？苦恼了很久之后，她结合自己这段时间的工作经验进行了总结分析，又找来相关的书籍和资料认真阅读，她隐约觉得自己在某些方面还存在很多不足。她认为自己不能简单地满足于符合业务操作标准，而应该从客户的角度来理解自己的柜台服务业务。

一些年纪大的客户眼神不好，也不知道表单中密密麻麻的空格怎么填，针对这样的情况，小吴就把自己可以填的都填好，留下姓名金额等需要客户填写的项目，并细心指着样单让他们填写。这样既加快了办理业务的速度，也省了老人一遍遍的询问，很多老人都愿意找小吴办业务。

遇到客户办理大额存取款业务时，小吴出于客户安全的考虑，从不大声询问存取多少钱，而是在一张纸条上写上数额，让客户确认后进行办理。这时客户总是会心一笑，这笑容里有对小吴的赞许，也有与她进一步拉近关系的热情。对于取款额较大的女客户，小吴会递上一张纸条，上面写着“你是一个人来的吗?”如果客户的回答是肯定的，她就会联系保安来保证客户的安全。

柜员与客户都是隔着玻璃说话的，尽管有通话装置，但仍然有听不清说话内容的时候。小吴就把客户最常问的问题一条一条地整理后分别打印出来，只要遇到问了一遍还没有听清楚的情况，她就把纸条递过去，多数客户都会微笑着看完并点头。

一天，一位60多岁的客户来到小吴的柜台前，要提前提取一张10万元的定期存单。小吴从老人的神色中看出有些不对劲，就问：“您急着用吗？这样您会损失一笔利息。”

老人点点头说：“我知道。”

她又问：“家里人知道您来取款吗?”

老人摇了摇头。小吴马上意识到事情可能有些复杂，但又怕让人知道，就给老人写了张纸条：有人陪您来吗?

老人看完纸条便向身后指了一下。小吴看到不远处的两个年轻人好像在监视着老人，她又写了张纸条：您认识那两个人吗?

老人又摇了摇头。小吴似乎明白了其中的缘由，就以大额提现需要报计划为由，让老人等待，马上把这一情况向领导汇报。

银行领导马上把这一情况向公安部门进行了通报，经查证，这是一起以老年人为对象的诈骗案。老人的钱保住了，诈骗分子被拘捕，老人感动不已，千恩万谢不知说什么好，还拿出钱来酬谢小吴。小吴很真诚地对老人说："这有什么好谢的，您的钱放到我们这儿，我就要负责保管好啊。"

小吴凭着对客户高度负责的精神得到了客户的认可和尊重。她总是把自己当成客户来衡量自己的服务，从客户的角度看问题，从客户的需要出发，真诚地帮助客户解决问题，并把为客户的服务延伸到自己的心里。

她的服务并没有什么出奇的地方，就是把自己对客户的真情注入为客户服务的每个环节中，让客户真切地感受到她对客户的负责。只有你真心为客户考虑，客户才会从服务中真切地感受到你的真情，如果达到这种状态，客户也会真心地对待你，在无形中帮助你。

一旦客户真正相信你，依靠你，你的外在服务就显得不那么重要了，更重要的则是他们在接受服务过程中的所有感受。柜员的服务表现为业务技术，但发展到一定层次就会超越技术层面，更多地表现为柜员与客户的关系和情感，办理业务的过程只是柜员与客户相互沟通交流的机会而已。

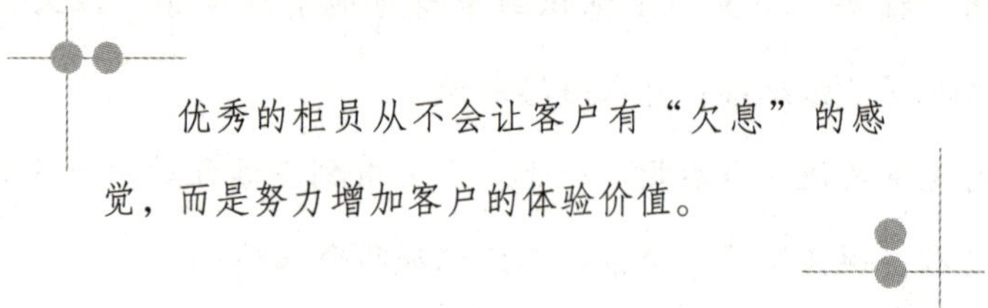

优秀的柜员从不会让客户有“欠息”的感觉，而是努力增加客户的体验价值。

小吴在工作之初不懂这些道理，她以为只要自己的业务技术强，为客户的服务符合标准，客户就会满意，领导和同事就会给予肯定。随着工作阅历的增加，她发现了自身的不足并勤于动脑，找到了问题的根源，改正了自己的错误，服务水平得到了稳步提高。

与客户共享快乐“分红”

每个人都在追求快乐，但能够获得快乐的人并不多。

柜员的岗位究竟是快乐还是痛苦，每位柜员体会都不相同。走上工作岗位，有的柜员心花怒放，有的柜员则愁眉不展，在岗位上的不同感受正源于他们对柜员岗位的不同认知。

乐有乐的理由，痛有痛的原因。每个人的职业发展并不总是“风和日丽”，期间还会有“暴风骤雨”。如果我们把“风和日丽”与“暴风骤雨”都看作是职业生活的一部分，并用淡然的眼光去看待，用高尚的情怀去欣赏，用淡然的心境去享受的话，一切都会变得美好而快乐。

面对柜员日复一日、并不复杂却不断重复的工作，很多人对工作的美好憧憬被磨蚀得所剩无几。对于这种较为枯燥的工作，柜员想要感受到岗位工作的快乐确实是一件强人所难的事情。但如果你为自己设定了远大的目标，并被其召唤，朝着目标不断努力，也许不仅能够承受现有的工作，还会主动承担更多的工作并享受工作的乐趣。

快乐是一种感觉，它不能全靠环境去生成，甚至与环境的好坏并无直接关系，快乐主要是人的主观感受所酿造出来的一种感觉。

面对同样的环境，刚刚入职的柜员会对工作满是憧憬，而工作几年后的柜员却很可能在主观意愿的暗示下对工作失去激情。其实，对工作有所期待是我们一直要保持的工作状态，不能因为工作趋于平淡就失去工作激情，这种随遇而安的状态很可能让你对工作疲于应付，甚至失去这份工作。

在银行工作中，柜员的愉悦感不仅有助于工作的顺利进行，而且也是客户获得快乐的基础。只有让走进银行的客户感受到柜员的愉悦心情，并接受这种快乐的感染，他们才愿意继续接受柜员的服务，进而成为银行的忠诚客户。如果客户不快乐，他们很可能不会再来办理业务，甚至投诉柜员，这样也就影响了柜员及该银行的业绩，最终不快乐的一定是柜员和银行。

其实，快乐是一种情绪“分红”，与客户共享快乐“分红”，是每位柜员最重要的职业素养之一。能否让客户带着你分享给他的快乐走出银行，是衡量柜员服务水平的重要标准。

那么，柜员应该如何与客户共享快乐“分红”呢？只要让自己生成愉悦感，然后把这种感觉传递给客户，让客户在快乐的气氛中享受柜员的服务，这样在办理业务的过程中就与客户共享了自己的快乐“分红”，同时，柜员的工作业绩也会得到提升，也自然成为银行发展的推动者。

每个人都有不快乐的时候，当然，柜员也不例外。在自己心情不佳时，职业化水平较高的柜员会迅速调节自己的情绪，化解自己不快乐的心境，一旦走上岗位就会忘掉任何烦恼，精神饱满地面对客户。这种快乐的情绪不是装出来的，原因在于他能迅速完成不良情绪的替换，以一种积极稳定的情绪全身心地为客户服务。

为客户自制礼物

在上岗培训时，老师告诉小吕要微笑服务，而且教她怎样微笑。为了尽快适应岗位工作，小吕勤加练习，不仅顺利通过考核，连邻居的阿姨都说她比以前笑得还甜了。

上岗之后，为了赢得领导和客户的认可，小吕始终保持着这种微笑。时间一长，她发现这种微笑并不是万能的，好像客户也有审美疲劳。若想给客户带来愉悦的感受，仅有微笑是不够的。

于是，经过一段时间的观察和摸索，她发现启动客户快乐感受的因素有很多，微笑是让客户对柜员有一个良好的印象，但要让客户加深印象，还需要一些另外的媒介。她开始试着与客户沟通，了解他们的心理需求，询问客户对什么更感兴趣，怎样才能随时调动客户快乐的情绪。

经过一段时间的摸索和试验，小吕开始给客户送些自己制作的小礼物。她将客户按年龄和职业进行了大致的分类，然后根据他们可能感兴趣的内容，编辑一些漫画、笑话、生活常识、金融知识等，印成卡片送给他们。

老年人的视力不太好，小吕就为他们准备与养生保健、家庭生活相关的漫画内容，然后结合漫画内容写上祝福的话语，老年客户看了非常高兴。

对那些年轻的女客户，小吕为其准备了与美容健身、子女教育、婆媳关系等相关的小秘方。她们看了这些小礼物，常常是会心一笑，好像小吕就是她们多年的好友。

对带孩子来办业务的客户，小吕为他们准备带有卡通动漫、智力测验、脑筋急转弯等内容的手工卡。在收到这样的礼物时，小朋友可以边玩边等家长办理业务，再也不哭不闹了。

对那些搞经营的客户，小吕为他们准备一些怎样与银行打交道、平衡生活与家庭等相关内容的小贺卡。有的客户在办完业务后，还会认真琢磨卡片上的内容。

对于能分类的客户，小吕尽可能分门别类地为他们准备礼物；对于难以归类的客户，她就凭着自己的观察，选择他们可能喜欢的礼物送给他们。通常情况下，客户都会很高兴地收下礼物。

在工作中，小吕对送礼物的时机和方法也进行了认真的思考和归类，一般老年客户是老两口一起来办业务，她会在客户将要离开时送给他们，老两口常常离开窗口就一起看，一起分享更增加了他们快乐的感觉。

有时营业厅里等待办理业务的人很多，对于那些比较着急的客户，小吕会在客户刚坐下时就送给他们。有时客户会看得入迷了，就缓解了自己的急躁情绪，他们似乎忘记了那令人烦躁的等待时间。

她每天都会分析自己工作中的不足，研究客户的服务需求，客户也喜欢找小吕办理业务并收到小吕为自己准备的礼物。由于小吕把大部分业余时间用在了为客户准备相应的礼物上，自己也学到了许多生活常识并积累了大量的金融知识，这样也使她成为同事中最好学、最博学、最有趣的人。

从上面的案例中，我们能看出，小吕真心想为客户做点事情，因而才会动心、动脑、动手，才会有点子、有方法。她原以为微笑就能让客户满意，当她发现仅仅微笑无法提高工作效率之后，就开始反思、研究并不断实践，因而她才会不断进步，客户才会因她而感动。

从小吕的服务方式中，我们可以看出，要想服务好客户，让客户满意的办法很多，就看我们有没有一颗真心，肯不肯下功夫去琢磨，愿不愿花时间去做。小吕的办法并不难，难在她对客户的了解上，难在她这样细致地面对每位客户，难在她能够长期坚持这样做。

如果每位柜员都像小吕这样动脑，他们可能会比小吕做得更好。但是能够像小吕这样想这样做的柜员并不多。当然，不能像小吕一样让客户感到亲切的柜员，也不会获得小吕在工作中的那份快乐。

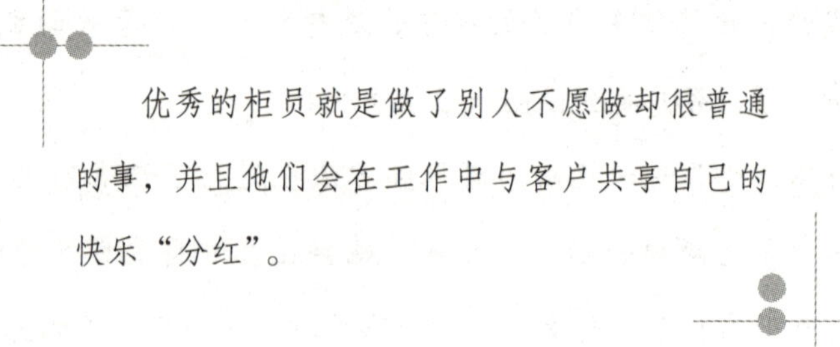

> 优秀的柜员就是做了别人不愿做却很普通的事，并且他们会在工作中与客户共享自己的快乐“分红”。

有人觉得默默地做这些对自己来说没有多大意义，费这么大的劲儿并不能给自己带来什么利益，因而不去做。如果每位柜员都这样想，那么职业对他来说将毫无价值，他也不可能成为岗位精英。

实际上，小吕在为客户服务中并没有过多地想到自己，但是她在与客户的交流中体现出了自己的价值，感受到了客户由衷的敬重，她自己也因此获得了意想不到的收获。

因为她的付出，赢得了客户；因为客户的快乐，她也体会到了快乐；因为工作的快乐，她的生活也更加丰富。

“预置”客户的需求

柜员是银行岗位中直接面对客户的窗口，职业要求柜员必须对客户的需求有更深入的了解，然后为客户提供更有针对性的服务。然而，客户的需求是多元的，甚至有些需求并不合理。柜员要想为客户提供具有针对性的服务，就要“预置”客户的需求，把客户可能的需求编制到自己的工作流程中，以此来保证业务的顺利进行并达到客户满意的效果。

大多数柜员都会在按操作规程工作的同时尽量满足客户的需求，如果不能满足客户需求也会做出相应的解释；也有一些柜员不太考虑客户的需求，只以自己的岗位工作为中心，以处理完自己的业务为目标，至于客户是什么感受他很少去关注；还有极个别的柜员带着情绪上岗，对客户的要求十分反感，只满足于办理完客户的业务即可，一旦客户向他寻求帮助，他就会以各种理由回绝。

上面我们列举了银行中大部分柜员的工作状态，但不包括优秀的柜员。在工作中，优秀的柜员会始终站在客户的角度想问题，不仅能够及时满足客户的需求，而且能在自己的能力范围内为客户提供更多帮助，甚至超出客户期望。

如果一家银行只想维持正常营业现状，拥有一批业务水平一般的柜员就可以了，但如果这家银行想发展业务，就必须培养一批高服务水平的优秀柜员。原因是，越优秀的柜员越关注客户的需求，越会在满足客户需求上做文章，柜员的心思围绕客户转，客户自然会带着业务围绕银行转。

在完成为客户提供业务服务的基础上，优秀的柜员一般不会在客户提出需求时再去满足，而是主动开发客户的需求，为他们提供更多更优质的服务。了解客户的需求，研究客户的需求，满足客户的需求，是优秀柜员在做好日常工作之外投入精力最多的一项工作，而且是更高层次的工作，更有价值的工作。

优秀的柜员还会经常梳理客户的需求，对客户的需求进行相应的分类和个性化锁定，走在客户前面，为客户提供最及时最准确的服务。优秀的柜员把所了解的客户现实和可能的需求“预置”到自己的服务流程中，只要一有这类需求出现，他们就会提供最确切的服务。

银行的客户群体比较庞杂，除了基本业务之外，每个人的需求都不同，要想为他们提供更精细的服务就要看银行柜员的工作能力。优秀柜员之所以优秀，是因为他们心里想着客户，更多地去了解客户，清楚客户的需求并将这种需求“预置”于自己的工作预案之中，因而他们更能得到客户的信赖。

这妮子帮俺挣了钱

临近春节，一对70多岁的老两口走进山东一家银行的营业厅，他们非要把自己蒸的年糕送给柜员小齐。小齐不收并告诉老人“柜员不能收客户的东西”。两位老人就找到小齐的领导，让领导帮忙把这些年糕转给小齐。

领导问两位老人：“为什么非要把年糕送给小齐呢?”

两位老人说：“这妮子帮俺挣了钱，俺没有什么好东西，就把这些年糕送给她吧。”

原来，这两位老人第一次来这儿办理存款业务时，小齐热情地接待了他们，两位老人对小齐的印象非常好。

小齐知道，人越老越需要关怀，他们不需要你办理业务的速度有多快，他们更看重你的态度，只要你对他们好些，他们就会非常感谢你。因此，小齐始终满心热忱地为老年人办理业务。

与老年人接触多了，她发现他们比较在乎存款的利息，如果在存款收益上略有差异，他们就会找到你，不仅问的仔细，而且要是自己说不明白还可能与老人发生矛盾。在为每位老人服务的时候，小齐不仅认真为老人办理业务，还像尊敬自己的父母一样尊敬他们，很多老人都是因为小齐对老人亲切、有耐心才来找她办业务的。

一次，一位老人急需用钱，他要提前支取一万元钱的存款。小齐告诉他存款快到期了，现在取出来，要损失好多利息。老人也心疼那点利息，但是没有办法，还是要取钱。小齐想了想，就给爸爸打电话，让爸爸先借钱给这位老人，以解老人的燃眉之急。

不久后，老人来还钱，千恩万谢不算还直夸小齐是个好孩子。其实，小齐让爸爸借钱的时候，爸爸还真有些不情愿，现在他也觉得小齐做得对，自己也很骄傲。当老人的定期存款到期支取时，发现利息比预想的利息高出好几倍，心里有说不出的高兴，不知道怎么感谢小齐才好。

经历了多次这样的事情后，小齐更加注重对老年人存款的合理规划，甚至还帮他们理财，凡是来小齐这儿办过业务的老人都夸奖她热心、专业。大家这样一传，找小齐办业务的老人更多了，而且他们只要来找小齐办一次业务就会认准她，那些常来办业务的老人甚至把她当女儿看待。

小齐不仅在为老人服务中赢得了赞誉，也为银行赢得了口碑，吸引了更多的客户，上级单位连年评她为优秀员工。

了解了上面的案例，我们知道小齐并不能为老人多挣多少钱，只是她这种真心为客户着想，全心全意为客户服务的意识和行为得到了客户的认可。

从客户细分的角度看，老年人大概不是最佳客户，服务难度也比那些年轻客户大，但老年人确实是个日渐庞大的群体，也是银行需要持续深掘的潜在客户。对客户进行细分，然后根据他们的需要给予针对性的服务，无论对客户还是对银行来说都是一件好事。

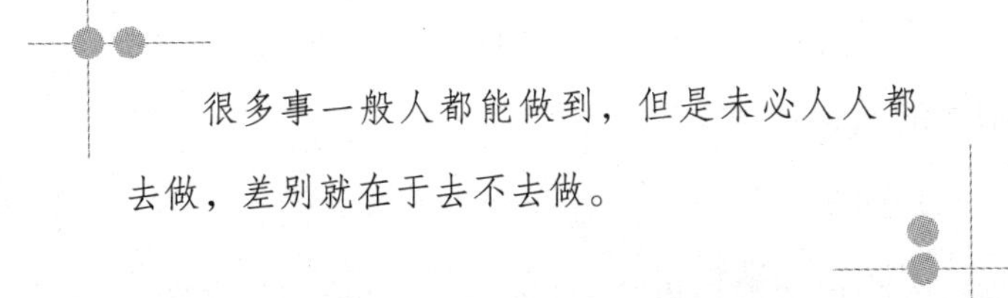

小齐在对待老年人的问题上，表现出了比一般柜员更多的耐心、真情

和理解，因而她在服务中表现出来的能力也更强。与其他柜员相比，小齐更了解客户，更理解客户的需求，更明白怎样满足客户的需求，同时她明白为客户提供优质服务的同时也是在帮助自己。

在小齐的服务中，她付出了比其他柜员更多的精力，因而也赢得了更多的客户。很多人都觉得柜员是一项简单而重复的劳动，其实这是一种偏见，柜员在为客户服务的过程中不知要付出多少心血和智慧才能获得一句简单的赞誉。

帮客户“通关”

生活中总会有遇到难处的时候，我们会特别感激在困难中帮助过自己的人。如果柜员能在客户需要帮助的时候伸出援助之手，那么，客户就会对柜员充满感激，从而成为该银行的忠实客户。

柜员身处银行服务的前沿，对客户的困难常常可以先知先觉，如果在这个岗位上能够积极帮助客户解难救急，就会减少客户许多麻烦，银行的效率也会提高。

为客户提供更多的帮助，解决更大的困难，不仅是柜员工作的岗位职责，也是个人成长最重要的方法和通道。困难和特殊需求像一道道关卡挡在客户面前，优秀柜员会在客户困难的时候为其主动“通关”，进而实现个人职业成长的顺利“通关”。

中国人都好面子，客户来银行办理业务越方便、越快捷，就觉得越有面子，这样，客户也会把柜员视为自己人，感情上就会跟银行更贴近。其实，在当下的社会中，人们不会轻易求人，一定是碰到了自己解决不了的问题时才会求人帮忙，而且所求之人通常也是他认为的自己人。

银行为客户提供力所能及的服务都是常规的金融服务，而差别化服务则需要银行业务最前沿的柜员发挥相应的作用。有些柜员不愿为自己找麻烦，客户提出的要求，只要不是自己岗位职责范围内的就会轻易拒绝，这无异于挡住了银行持续为客户提供服务的通道。

作为正常的柜台服务，肯定不是什么事情都可以解决的，但是用什么心情和态度处理这些事情，就是优秀柜员与普通柜员的差别。优秀柜员也不是客户的什么需求都能解决，但是他们能够用心去领会客户的需要，站在客户的立场想问题，认真帮助客户解决困难，尽量满足他们的需要。

客户的需求千差万别，有经验的柜员会从客户的诉求中体会到客户的真实想法，为客户制订有效的解决方案，因而他们也最容易与客户沟通。通过平时工作的积累，优秀的柜员对客户所遇到的困难会有一个大致了解，如果能够进行必要的分类并做出相应的预案，客户的很多困难都可以通过柜员处理好。

如果遇到柜员解决不了的问题，优秀的柜员一般会为客户提供专业的意见，并追踪客户后续的解决进程。有的银行推行了首问负责制，这一制度的出台也是要求柜员多为客户解决问题，令柜员岗位成为首问负责制流程中最重要的节点。

如果柜员想要解决客户更多的困难，就需要柜员掌握更多的金融知识和业务技能，而且还需要积累大量解决问题的经验。柜员在学习知识与积累经验的过程也正是自身能力“通关”的过程。如果柜员自身“通过”成功，自然会提高为客户办理业务的能力，从而帮助客户解决更多的金融问题，帮助客户“通关”。

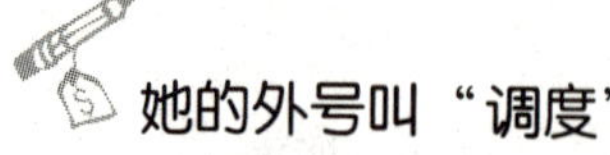

她的外号叫“调度”

郑女士在柜员岗位上工作多年，行长曾经想调她去做客户经理，但她拒绝了。她认为自己更适合柜员这个岗位，而且可以天天帮客户办些事情，看到客户满意的表情，自己也很有成就感。

郑女士喜欢与客户沟通和交流，客户也愿意把工作、家庭、生活上的事告诉她。有时，她还会给人家当参谋，就是在大街上碰到客户也能聊上大半天。

很多客户评价她说：“这人太热心了！”

为客户办理完业务后，郑女士总会对客户说：“有事给我打电话。”也正是因为这句话，她很少有自己的休息时间，好不容易有个休假，也常常被客户的电话叫走。只要客户找她帮忙，凡是她能办的一定马上办，她自己办不了的也一定会东奔西跑帮着忙活，直到事情得到圆满解决才罢休。

为了客户的事情，郑女士经常求这个找那个，有时行长也被她搬出来帮客户解决问题。大家都说她像个“调度”。时间长了，“调度”渐渐成了她的外号。

有时她去找同事帮客户办业务，同事稍有怠慢，她就会半嗔半怒地对同事说：“郑调度的话你也敢不听?”同事听了她的话也不会生气，而是认真为客户办理业务。

有时客户的事情紧急，郑女士会招呼其他同事帮忙办理，开始大家不太适应，但时间一长，大家也觉得都是为了解决客户的困难，郑女士这样做也是应该的。

有一次，一位客户要创办公司，到郑女士那里咨询注册资金的事情。了解了客户的需求之后，郑女士先给在工商局工作的同学打电话询问相关政策和办理程序，然后给办理小额贷款的老乡打电话询问注册资金垫付的事，一切准备就绪后，她便详细告诉客户办理相关手续的流程及注意事项。

客户按照郑女士给的建议很快办完了事情，客户来到银行感谢郑女士，说自己已经跑了好长时间，就是跑不出个头绪来，没想到遇到郑女士这样的好柜员，事情这么快就办好了。经过这件事，这位客户不仅成为这家银行的忠诚客户，而且也是最好的业务宣传员，他把与自己有业务关系的单位都介绍到这家银行来办业务。

郑女士不知为客户办了多少这样的事，为此她整天忙得不可开交，可她却忙得很快乐，她说这样的工作很充实，自己很有成就感。

郑女士把客户的事当作自己的事来办，不仅是因为她有副热心肠，还因为她看到了自己的岗位价值，理解了银行的真正作用。郑女士热爱自己的柜员岗位，对自己有明确的认知，知道自己最适合做什么，最想做什么，她对自己有明确的职业定位，因而有明确的岗位指向。

有些柜员总觉得自己从事的工作是大材小用，身在柜员岗位却瞧不起柜员工作，总想有大作为却不愿意从小事做起，不愿意付出努力自然难以获得成功。

所谓岗位的好坏与岗位本身关系不大，重要的是怎样利用岗位平台让自己有所作为，进而有所发展。

一个人无论能力大小，只有恰当地发挥自己的长处，才可能让客户满意、领导满意，从而真正成就自己。现在有些柜员眼高手低，好像什么事情都不屑做，真正让他做事又真的做不好，虽然自我感觉在岗位上是大材小用，但是其岗位表现却并不出色。

在柜员岗位上可能难以做出什么惊天动地的人生伟业，但是一定能够成就自己了不起的事业，每个平凡的柜员背后都可能有不平凡的故事，前提就是你要做得优秀。

郑女士踏踏实实做好自己的本职工作，全心全意为客户着想，帮客户解决困难，赢得了客户的赞誉，这样的人生也很了不起。

为自己的服务“限时”

现代社会的生活节奏日益加快，人们在任何场合都不愿意等待过多的时间。客户到银行办理业务更希望是及时的，因而快捷的服务便是各家银行争相树立的品牌。

由于客户对银行排队问题的关注，多家银行已经推行了“限时服务”，明确规定柜员要在一定时间内完结一笔业务，超时就要罚款。其实这个规定的实际意义并不大，不仅客户搞不清楚各种业务的具体规定，就是柜员自己也糊里糊涂。

在今天，客户要求柜员提高业务办理的速度，并不是“限时”规定就能解决得了的。况且，柜员与客户作为同一事物的两个主体，各自的诉求不同，客户觉得慢，柜员则认为办理某种业务确实需要一定时间。

我们通过实际观察已经证实，虽然柜员的办理速度在岗位中和竞赛时是不同的，但即使在竞赛时的速度也有一个极限值，无限地追求速度是不现实的。再加上办理业务并非单一的项目且处在生活化状态之下，柜员不可能达到客户所期望的速度。

那么，如何解决客户与柜员之间的矛盾呢？其实，最根本的解决办法是柜员从自身出发，提高自身的业务办理效率，为自己制订“限时”计划，对自己进行考察和监督。同时，柜员要让客户真正理解柜员办理业务的标准状态，使客户的期望值在柜员的标准状态以内，业务办理的效率符合客户的期望，这样客户才能客观的评价柜员的办事效率。

提高业务办理效率，柜员首先要从心底为客户着想，努力为客户节约更多的时间，或者让客户的等待时间更有价值，然后柜员可以为自己的服务“限时”，其实，优秀的柜员并不需要管理者为他们“限时”，他们自己就会为自己限定时间，为提高自己的业务办理效率想办法，以满足客户的需求。

柜员为自己的服务“限时”，就会有一种无形的压力，有了这种压力，岗位服务的技能才会更加精湛，从而提高个人的岗位成熟度。

柜员为自己的服务“限时”，不仅提高了业务的办理速度，还可以为自己的服务过程增加更多的附加值，让客户在等待中有所收获，从而减少对等待时间的关注。其实，减少客户关注等待时间的方法有很多，比如前文提到的让客户做些其他活动，增加一些不同的体验，以缓解他们焦躁的情绪。

如果柜员有自觉为自己“限时”的工作态度，那么，提高服务效率的点子也会随时产生，服务也会顺畅而有趣，从而更加符合客户的期望。

各取所需

小方所在银行营业网点的业务特别多，在业务高峰时段，营业厅里挤满了前来办理业务的人。由于不能及时办理业务，她们的服务受到好几次客户投诉。

看到这种情况，小方特别着急，她除了提高自己的业务办理速度外，还要不停地想办法去缓解客户的焦躁情绪。

小方先是打印了一些在网上下载的笑话、脑筋急转弯之类的内容，让大厅保安分发给那些等待的客户，有些客户真的找地方坐下并专注地看着那些内容。看到这种办法很奏效，小方就定期整理一些趣闻来分散客户的注意力。

经过一段时间的准备，小方向领导建议在营业厅建立一个“游艺台”，目的是让等待的客户随时参加自己感兴趣的活动，增加客户在等待过程中的乐趣。

她给游艺台取名字叫“各取所需”，即把游艺台分为“你够聪明吗”“你能笑吗”“你的手够灵活吗”“你知道吗”等几个功能模块，客户可以根据自己的兴趣和爱好各取所需。

特别是“你够聪明吗”中的那些益智游戏常常吸引很多客户关注，大家相互切磋这些益智游戏的玩法，一旦有人拆组成功，大厅里都是一片欢呼。有时还会碰上特别认真的客户，搞不明白就不走，这时客户似乎忘记了自己应该办理的事情，忘情于这些游戏的情境中。

有位客户在玩孔明锁时怎么也恢复不了原样，他找到大堂经理说自己不会玩了。当他知道这些游戏都是小方的主意时，来到小方的营业窗口求教。小方告诉他正在办理业务，不能做别的事情。于是，他就一直等到小方下班，才把这个问题解决，那虚心的态度真像小学生。

看到客户的热情这么高，小方就定期更新“游艺台”的内容，始终让客户对游艺内容有一种新鲜感。有的客户玩过相关的游艺项目，就会在大厅里做义务老师，教那些新手各种玩法，脸上充满了得意和成就感。

为了经营好这个“游艺台”，除了小方自己到处收集资料、提前演练熟悉外，她还发动同事和家人帮助出主意、找项目，特别是她的儿子也成了她的得力帮手。

在经营这个“游艺台”的过程中，小方说自己学到很多东西，也体会到很多快乐，在帮助客户的同时自己也得到了真正的提高。

小方的故事是我们在做培训时遇到的真实案例，据了解，小方的业务技能在该行也是出类拔萃的，应该说，她在服务速度和质量上都没有问题，但她还是找到了为自己服务“限时”的办法，只不过这个办法不是用在自己身上，而是用在了客户身上。

虽然客户没有投诉过小方，但是单位出现投诉事件，小方就觉得自己也有责任，她也因此对自己的工作进行了全面回顾，并在提高工作效率上做了自己的努力。在前文中我们也提到，柜员办理业务的速度也是有极限的，所以，她从另一个角度来思考问题，而且直奔问题的实质，在解决客户不愿排队等待、感到业务办理慢的问题上动脑筋。

小方让客户的等待时间变得有价值，让他们的相对时间变短，从而感觉不到十几分钟的“漫长”等待，安静下来。实践证明，这一办法的效果很不错。

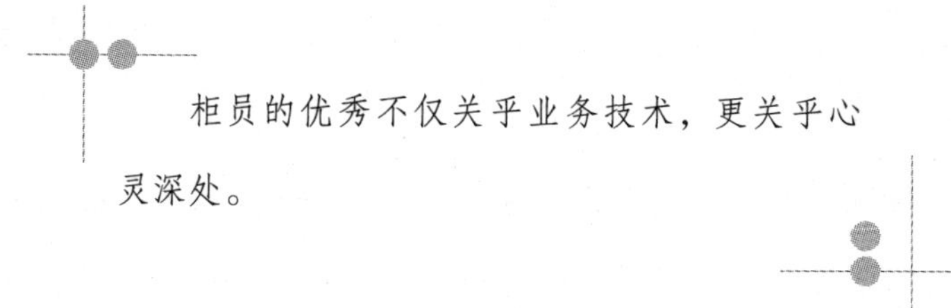

一位真正优秀的柜员是善于动脑的人，他们的思维方式往往不是直线式的，他们会从多个角度和路径去接近问题。

小方在经营“游艺台”的过程中，不仅解决了银行网点存在的问题，自己也在这个过程中得到了提高，家人也跟着受益，这是一举多得的好事。然而，像小方这样心系单位荣辱，挖空心思解决客户问题的人并不多，更多的是把柜员的岗位变成了一个循规蹈矩的业务操作台。

与客户的心灵“签约”

金融业经常有人说，“现在的银行多于米店”，银行竞争日趋激烈，客户的选择余地越来越大，因而对银行的服务也越来越挑剔。

客户对银行服务质量的要求主要是针对柜员来说的，因为客户一般接触不到后台的工作人员，而营销和信贷人员面对的客户又很有针对性。所以，客户对银行服务质量要求的压力大部分都在柜员身上，这一方面说明柜员对银行的重要性，另一方面也说明了柜员服务质量对银行业务拓展的重要性。

在当今银行与客户的关系状态下，客户能够到你的银行来办理业务，不是因为他们别无去处，而是缘于他们对你的信任与期待。信任是他们的经验告诉自己这家银行是在真心实意为自己办事，期待是他们还希望银行能够满足他们更多的需求，这两方面都需要柜员在业务办理中认真对待并主动营销。

客户的需求，有些是他们说出来要求你去做的，有些是他们心里想，没有说但你也应该去做的，这就需要柜员注意收集和分析客户的需求并尽量给予满足。也有些客户对你办理业务的能力要求并不高，他需要的只是一种心理期待，并给他一个符合期待的表示。

对于这样的客户，柜员要着重了解客户的心理，知道他是怎么想的，理解他想要什么，才可能把工作做到他的心坎上，满足他的心理需求，让他在办理业务的过程中产生舒适的心理体验。

有些客户需要的是服务过程的价值含量，他们不在意你的态度和快慢；有的客户需要体现自己的价值，他们更在意你怎样对待他；有的客户需要与你建立相应的情感交换，你传递出对他们的好感比业务本身更重要；有的客户特别在意柜员的形象，他们更愿意接近那些形象好、气质佳的柜员；如此等等，都是客户办理业务过程中所要得到的心理需要。柜员只有了解了客户的心理需求，才能在办好业务的同时照顾到客户的感受，从而满足客户的心理需求。

有的客户一进入营业大厅就大吵大嚷，自以为了不得，柜员要让这样的客户产生一种自己受到优待的感觉；有的客户斤斤计较，柜员在服务中就要特别细心，万万不能出一点纰漏，否则处理起来会很麻烦；有的客户好思考，处事冷静，柜员为他服务就要严谨，深思熟虑后再为其提出自己的意见；有的客户好奇心强，柜员在办理业务的过程中需要多为他们做出一些解释；有的客户容易冲动，这就要求柜员注意自己的言辞和行为，尽量避免与其发生不必要的冲突；有的客户表情严肃，沉默寡言，柜员要学会察言观色并按规定尽心为他办理业务；有的客户会犹豫不决，一会儿要办这个业务，一会儿要办那个业务，这就要求柜员有很好的耐心，通过观察分析客户的最终需求并为其办理业务。如此种种，就是柜员对待不同客户要采取不同的对待方式。

每位客户在走进银行办理业务时，都会有一种心理定格的过程并预期这一次可能得到的收获，如果收获与他们心理预期相符他们就满意，不相符他们就会怨恨，超出预期他们就会高兴。

对于不同年龄、不同职业、不同性别、不同地域的客户，柜员更应该针对他们不同的心理需求给予不同的服务，让他们感受到自己接受了特别优待的服务。即使是相同的人群，每个个体也有很大的差别，也需要柜员认真分析和对待，保证自己的服务适销对路。

优秀的柜员总能细心研究客户的心理，适时满足客户的需求，在心灵上与客户“签约”，让客户在业务办理的过程中享受美好的心灵体验。

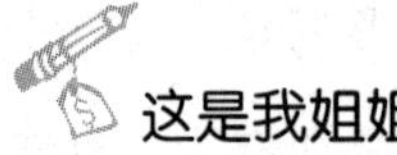

这是我姐姐

一位新客户来小季的柜台办业务，小季明显感觉这位客户与其他客户不同，她总是与自己主动搭讪，似乎还带着一种讨好的口气。下班后，小季回顾一天的工作，回想着这位客户办理业务时的状态，客户似乎有什么事情欲言又止，所以，小季断定这位客户一定是有什么事情需要帮助。

当这位客户再次来银行办业务时，小季就主动与她打招呼，这让客户喜出望外，显出对小季十分亲切的样子，并说她来这儿能碰到小季是她的福气。以后凡是这位客户来银行办理业务，小季都十分热情并对她说：“有什么事情需要我帮忙你尽管说。”这也让那位客户很激动，并亲切地叫她妹妹。

随着这位客户来银行办理业务次数的增多，她们相互之间更加熟悉，还经常通电话，聊聊天，唠唠家常，而且这位客户经常向小季询问银行业务办理的事，小季都十分耐心地给予回答。

通过多次交流，小季知道这位客户是外地人，在本地没有什么社会关系，她感觉有些孤单，想通过业务交流建立起自己的关系网，她还特别想找一些银行的人交朋友，以便为自己的业务开展壮壮门面。

小季非常理解这位客户的心理，她想如果自己能够与这位客户建立起紧密的关系，既能帮到这位客户，同时也为单位开拓业务找到了资源，这是皆大欢喜的事情。于是，当这位客户再叫她妹妹的时候，她自然地称呼客户为姐姐，这样一来，她们的关系更加亲密了。

小季经常把这位客户介绍给同事和其他客户并说：“这是我姐姐，请大家多关照。”

每当这时，客户都激动得不知说什么好。客户在小季的帮助下认识了不少金融人士和生意上的伙伴，她的业务也很快打开了局面，发展势头很好。

虽然小季只是想通过自己帮助这位客户，没有过多的要求，但客户却不这样看，她认为小季是她业务发展中的恩人，没有小季的帮助就没有自己的今天。

在工作中，小季对每位客户都会根据他们不同的需要给予不同的帮助，只是满足了这位客户的一个在小季看来并不算特殊的需求。而小季正是抓住了客户的心理需求，盯住客户的个性化需求，尽心尽力地满足客户，让客户总有一种受到特殊待遇的感觉。

从小季个人的需要来说，她没有必要认这个姐姐，但是为了满足客户拓展业务的需求，她不仅认了这个姐姐，而且真心真意为其帮忙。小季认这个姐姐，实际上是给客户一个面子，让客户在与其他人打交道时觉得有面子，并靠这种面子去拓展自己的业务。

对客户的这种需求，小季完全有理由不予理睬，这样她也会少了不少麻烦，但是那样客户与银行的关系就不会像现在这样稳固。如果说失去这样一位客户并没有什么，但是如果一群这样的客户没有得到很好的维护，问题可就大了，甚至会逼着一些客户去寻找新的银行。

客户就是这样一个一个找到的，又是这样一个一个来维护的，小季正是从这一点出发，注意对每位客户服务，与每位客户的心灵“签约”，建立稳固的情感和业务关系，并努力让客户感受到温暖和体贴。

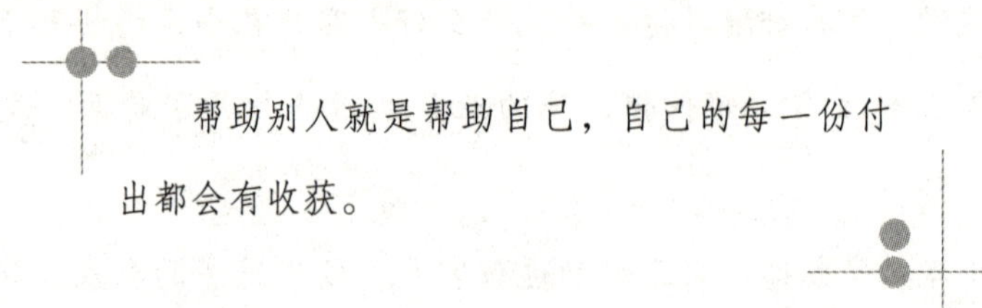

帮助别人就是帮助自己，自己的每一份付出都会有收获。

其实，小季在为客户着想时，确实需要付出一些精力和情感，但是她自己也获得了客户的尊敬、感激和信赖，也为自己拓展了人际交往层面。小季在做这些事情的同时，学习了相应的心理学知识，并把这些知识运用到自己的岗位工作中。

第四章

把操作规程变成岗位习惯

众所周知，银行是高风险行业，为了避免风险，相关的监管部门不断出台各种规章制度，银行内部也不断制定各种操作规程。因此，银行也是一个条条框框比较多的行业，尤其是对柜员岗位，条条框框的规矩常常令人望而生畏。

柜员岗位的操作规程虽然烦琐但也是必须存在的，因为这些规程不仅有利于控制风险，也有利于柜员业务技术的标准化和业务能力的提高。如果柜员对这些规章制度有抵触情绪，就会影响对各项规章制度意义和内涵的理解，最终影响各项规章制度的贯彻和执行。

柜员岗位工作的标准在规章制度中都有体现，执行规章制度的好坏是考核岗位工作好坏的一条重要标准，柜员只有自觉执行岗位工作标准才能达到自己预期的服务标准。在规章制度的执行中，如果只是机械地执行，而不用心用脑，那么，柜员在执行的过程中就容易发生忽略性过错，也就难以创造性地开展工作。

贯彻和执行岗位规章制度也需要一个训练过程。把岗位操作规程变为岗位工作习惯，首先要对规程予以深刻理解，其次要有高超的业务技能做保证，把岗位规程的每一个操作环节变成习惯性动作。柜员对操作规程理解得越深刻，越不会偏离规章制度本意。柜员的岗位技能越娴熟，岗位操作越会在不经意间达到尽善尽美的状态。

在柜员岗位上，良好的操作习惯比一味地认真更重要。

设置自己的岗位“认证码”

柜员的岗位操作一般都是程式化的，一旦掌握了这些基本程式，就会在具体操作过程中熟练起来，柜员对操作过程越是熟练，每位柜员的个性化差异就越大。但在熟练之前，循规蹈矩地努力掌握岗位操作的核心内容是柜员最主要的工作，越踏实地打好基础越能体会到操作规范中的实质性内涵，对未来创造性工作打下的基础也会越牢固。

柜员岗位的操作看似是一些死框框，表现为一定的程式化内容，但在实际操作中，由于每个人对岗位操作内容的理解不同，在具体操作的过程中达到的效果也会有很大的不同。

有的柜员只满足于基本的操作业务，而对岗位的操作机理不屑深究，其实，短时间内看不出这样的柜员有什么不足，长远来看，这对个人操作风格的形成会有很大的影响，甚至会影响岗位操作的精熟度。有的柜员过分强调操作的自由状态，不愿意为条条框框所限制，甚至想形成自己的一套操作方法，结果适得其反，不仅难以形成个人的操作风格，离规范化操作也越来越远。

实际上，柜员的岗位操作确实需要柜员有自己的个性，但是这种个性一定要建立在对岗位规范深刻理解和相应精熟的基础之上。柜员一旦具备了自己独特的岗位操作个性，就相当于给自己的岗位设置了“认证码”，他的岗位特征就会深深印在人们的脑海里，人们会因此对柜员的岗位行为做出相应的评价。

柜员一旦形成自己的岗位操作风格，工作起来就会既符合规矩又灵活自由，这也离柜员创造性地开展工作不远了。柜员为自己设置岗位“认证码”的意义就在于为未来创造性地工作打基础，真正优秀的柜员一定是个性突出并能自觉遵守岗位操作规范的人才。

在工作中，柜员设置自己的岗位“认证码”至少要经过四个过程：一是规范化操作；二是精熟化操作；三是自由化操作；四是创造性操作。

这其中的每个过程都需要柜员对自己进行必要的强化训练，让自己在每个过程中走过三个步骤：一是知道怎样做；二是能够这样做；三是习惯这样做。

经过不断的训练，柜员对岗位操作的每个细节会越来越熟练。在熟悉的工作中，柜员要善于总结和积累工作经验。随着经验的不断增加，柜员就在形成自己的岗位个性，岗位“认证码”的设置才更有价值。

有些柜员只满足于对岗位规章制度的学习和接受，满足于完成日常的工作任务，却忽视了岗位经验的总结和积累，因而工作的时间越长越疲惫，越不可能有岗位个性，岗位“认证码”也混乱不清。

柜员的工作岗位是一样的，工作内容也差不多，所不同的就是是否形成了自己的岗位个性，是否用自己长期形成的岗位个性去支配岗位行为，自觉刷新自己的岗位“认证码”。

给规章制度纠错

荆女士在柜员岗位上已经工作了八年，按理说，她对柜员工作已经烂熟于心，但她还是觉得自己有好多事情不清楚，不能一眼就看出规章制度中的问题。

荆女士是该银行柜员中业务最好的，她最大的特长就是为与柜台业务相关的规章制度挑错。只要是与柜台相关的制度，不管制定的多严密，她总能挑出一些毛病来，而且说得头头是道，人们不得不佩服她对业务的熟练度和研究的精细能力。

荆女士能达到这个程度，首先是她对岗位业务相当纯熟，用她的话说“闭着眼睛做业务也不会出错”，但是荆女士没有骄傲自满，她认为自己还有很多东西需要学习，特别是她对上级单位下发的规章制度能否挑出错来很在意，凡是上级单位出台的制度规定，她非要把与制度相关的问题研究清楚，而且总能从规定中找出漏洞。

她认为能在规章制度中看出错误，从而更加完善岗位工作的规章制度也是自己的责任，每当与人谈起与柜台服务相关的规章制度时，她都兴奋异常，谈起自己对相关规章制度的看法时更是滔滔不绝。

荆女士这些年来为银行规章制度挑错误也练就了看问题的独特视角和方法，并能够从整体脉络上看规章制度的变化，对岗位规章制度的建立也有了系统的研究。荆女士给规章制度挑错误也对柜员岗位的精细化操作形成了巨大的推动力，该银行的综合技术水平也得到了很大的提高。

荆女士的这一特点得到了上级单位的认可和重视，在制定和修改规章制度的工作中都会征求她的意见。后来，她被上级单位调到总行的合规部工作，研究制度正式成为她的职业和岗位工作，她决心要成为合规管理方面的专家。

也许荆女士并不是每项业务都能做到最好，但她的个性特点却非常鲜明。也正是这一特点成就了她，不仅受到了上级单位的重视，而且在个人职业生涯发展的路上找到了新的平台。

在案例中，荆女士形成自己的岗位“认证码”也经历了一个长期摸索和积累的过程。她开始并没有想成为合规管理方面的专家，随着对规章制度研究的深入，她从自己的岗位个性中发现了新的价值，从而不断优化自己的岗位“认证码”。

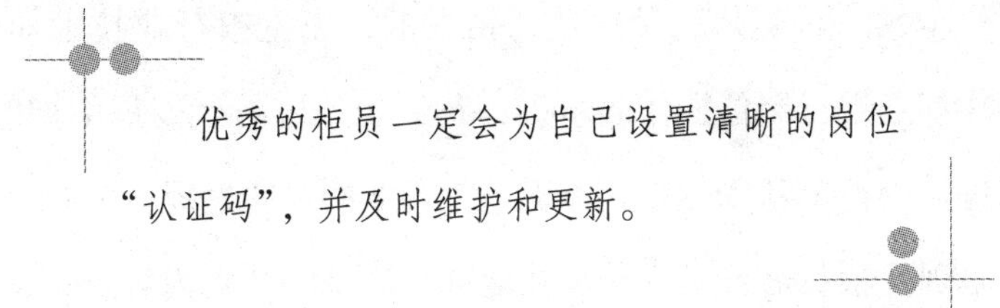

荆女士能够拥有现在的成绩，源于她对岗位业务的精深学习和把握，源于她对发现问题的独到研究，更源于她勤于思考的职业精神。荆女士还有一个重要的品质，那就是较真儿，对什么都想弄出个究竟，并且不怕得罪人，敢于与人争辩，坚持自己的观点。其实敢较真儿与能较真儿是两码事，荆女士有深厚的业务功底做保证，所以她不仅敢于较真儿而且有较真儿的底气。也有一些业务水平较高的人，因为不愿意操别人的心而失去了这些机会。

金无足赤，人无完人，我们不能苛求荆女士在柜员岗位上什么都做到最好，但仅凭一个特点就已经为银行的发展做出了贡献，并为自己的职业生涯发展开辟了道路。

主动挑战“极限”

随着银行业电子化办公水平的不断提高，银行柜员的“傻瓜”式操作已经比较普遍，对人的技能要求已经不像手工时代那样高了。但柜员纯熟的岗位操作仍然是其看家本领，特别在银行致力于恢复“三铁”声誉的今天，柜员是否具有过硬的基本功仍然是评价柜员的重要标准。

现代银行的办公设备已经相当先进，自动化程度很高，很多技能常常表现在如何有效使用办公设备上，有时会让人觉得纯手工的操作技能有些跟不上时代步伐。其实，这种想法是错误的，无论银行业技术如何发达，纯手工操作都是银行岗位操作的基础，我们在顺应时代发展的同时，也要对纯手工操作进行革新和改进，以促进银行业的健康发展。

下面是现代柜员需要作为基本技能进行训练的几类内容。

一是钞币整点类。包括钞币整点知识、钞币整点技法、钞币的捆扎等。

二是货币鉴别类。包括人民币的真假鉴别、假币的发现与处理、残缺污损人民币的挑剔与兑换、外币的真假鉴别等。

三是身份识别类。包括居民身份证识别、护照识别、印章签字识别、其他证件识别等。

四是文字录写类。包括阿拉伯数字的书写、中文大写数字的书写、英文字母的书写、汉字录入等。

五是设备使用类。包括计算器的使用、计算机的使用、点钞机的使用及其他设备的使用等。

六是票表计算类。包括记账、票表填写、传票账表计算等。

七是临机处理类。包括特别客户沟通、客户异议处理、业务故障处理等。

此外还包括记忆操作代码、了解相关法律法规、熟练操作流程、理解规章制度，等等。如果进一步细分的话，柜员还需要了解和掌握基金、理财、保险、信用卡、存款、贷款等业务的相关知识。

柜员掌握了以上这些基础性技能就可以完成一般性的岗位工作，但是还达不到最好的柜员的要求，最好的柜员需要在掌握基本技能的基础上有所突破。柜员要掌握基础技能一般不会有太大困难，一旦进入提高环节，越往上难度越大，在极限状态下，每一点的提高都必须付出超常的努力。

最好的柜员总是想办法去挑战技能水平的极限，并不断刷新技术水平的纪录，甚至创造出一种新的方法，使原有的技术流程得到改善。有些柜员不愿在技能方面下太多的功夫，他们甚至认为柜台业务难以成为职业发展的核心竞争力，能够完成日常工作就可以了。其实，柜台业务的技能训练是银行所有岗位训练的基础，因为柜员的岗位技能最容易具体化，最适合分解操作。

如果能够在柜员岗位练就敢于挑战“极限”的习惯，找到提高自身技能的方法和路径，就可以为日后的发展打下坚实的基础。现在各家银行入行的新员工都要在柜员岗位实习和训练，这一岗位经历对所有银行员工来说，无论将来从事哪个岗位的工作都是非常重要的。

假币识别专家

姜女士从事了12年的柜员工作，这在柜员岗位中算是资历相当老了，但是她仍然像新员工一样遇到自己不懂的问题就会问其他同事，工作中的她还是那样勤快。

同事问她为什么这样做，她说：“在柜台工作方面，我好像还有很多东西没有弄清楚，好像每天都有新东西需要学习，如果自己离开柜员岗位就发挥不了专长，也很难再学习新东西了。”

同事们都知道，这是她的心里话。这些年来，她把大部分时间和精力都用在了柜员工作——假币识别和鉴定上，而且她觉得非常有成就感，离开柜员岗位，就真的难以发挥自己的特长了。

姜女士的母亲是农村信用社的员工，姜女士小的时候就对钱币感兴趣，而且收集了很多钱币。进入银行工作后，她一直保持着这种对钱币的兴趣，而且成为她工作的乐趣。开始，她只是对钱币的鉴别比其他同事更在行一些，同事遇到假币、纪念币都愿意找她看一下，这样一来，姜女士对钱币的研究更深入了，而且成为她工作生活的重要部分。

姜女士把能够收集的钱币资料进行了分门别类地装订整理，多年的工作实践也让她总结出了钱币鉴别的独特方法，特别是对假人民币的识别见解独到。姜女士总结出九看、三摸、一听、四试的人民币识别方法，并编写了人民币识别方法小册子，作为学习资料分发给同事和客户，对防止假币起到了重要作用。

九看：一看水印是否清晰，有无层次感和立体效果；二看磁性缩微文字安全线是否内嵌稳定、文字清晰、间隔有序、线条宽窄一致；三看整张票面图案是否统一；四看手工雕刻头像是否逼真，线条是否清晰；五看光变油墨面额数字的颜色是否随视角变化而规律变化；六看阴阳互补对印图案是否重合完整；七看红蓝彩色纤维是否随机分布于纸内；八看横竖双号码是否有相同色差度；九看号码是否为计量数字，是否工整、标准，号码背面是否有压痕。

三摸：一摸票面上凹印部位的线条是否有凹凸感，二摸纸张厚薄涩滑感觉，三摸纸币人物、字体、国徽、盲文点凹凸是否明显。

一听：听抖动钞票是否发出清脆声音。

四试：一用紫光灯检试有无荧光反映，二用磁性仪检试有无磁性印记，三用放大镜检试图案印刷的接线技术及底纹线条有无紊乱，四在同一条折线上反复折叠检试是否有韧性。

每次有新的币种流通，姜女士都会立即进行一番研究，提出自己对防假币的看法并推测可能出现什么样的假币。一旦有假币进入市场，她就会认真分析制造假币的手段及特征，继而提出反假币的意见并进行及时宣传。

她还总结了古钱币、纪念币、硬币、外币等识别规律和方法，同时深入研究了集币收藏知识，丰富了自己钞币研究的领域。

现在，姜女士经常利用业余时间到同业单位和客户中宣传假币识别方法，讲述集币收藏知识，她认为让更多的人了解货币知识就是自己工作的价值所在。

姜女士与很多员工的想法不一样，她愿意做柜员，并且在柜员的岗位上找到了自己的乐趣，产生了属于自己的职业愉悦感。更重要的是，她知道现在的岗位对自己来说意味着什么，也知道自己如果离开现在的柜员岗位就成了无源之水。

优秀的柜员会利用柜员岗位的训练机会锻炼自己，主动挑战岗位工作的“极限”，逐渐形成自己未来职业生涯发展的良好动势。

姜女士不断挑战自己“极限”的过程，就是一个不断丰富自己的过程，在这个过程中她不仅找到了自我，而且找到了未来的发展方向。她把研究钞币、识别真伪当作自己的事业，把防范假币作为自己的责任，把岗位工作与自己的事业有机地结合在一起，因而她做得更自觉，更有成就。

研究假币识别的技术性很强，姜女士在这项研究上格外细致踏实。现在的成绩，是姜女士日积月累的结果，其他人没有付出她这般努力因而没有她这样的成就也是理所当然的。

设立追赶的“标杆”

柜员的岗位标准比较明确，柜员要完成岗位的日常工作一般来说也没有太大难度，但是要高标准地要求自己，特别是要创造性地完成工作的难度则相当高。对柜员个人来说，是否对自己有精益求精的要求，将对岗位工作和未来发展有很大影响。

有些柜员仅仅满足于完成日常工作，付出一般劳动换回工资就心满意足了，根本没有想过对自己高标准、严要求，更没有想过创造性工作的问题，因而不仅技能一般，业绩平平，未来发展也无多大起色。

有的柜员在岗位基本工作熟练之后，不满足于掌握一般的岗位业务，不满足只熟练基础技能，而是为自己设定更高的标准，一步步推动自己走向岗位工作的更高境界。

以我们为柜员做培训的经验来看，那些岗位工作业绩比较突出的柜员，都会为自己设立岗位追赶的“标杆”，然后一次次向新的“标杆”发起冲击，直至达到新的标准。能够成为“标杆”的柜员，一般是在岗位上达到了同行难以达到的水平，并且在岗位实践中不断改进提高，创造新的业绩，具有超一流的工作水平。

柜员找到自己要追赶的“标杆”，实际就是站在全行业甚至更广阔的行业背景下找到自己的目标，然后向着这一目标不断努力，不断缩短与“标杆”的差距。当自己追赶上了“标杆”，那么，自己也有可能成为别人的“标杆”。

在追赶“标杆”的过程中，柜员一定会经历一个先模仿后创新的过程，走过这个过程就走近了高标准，甚至超过“标杆”，成为这类岗位的领先者或是标准制定者。

柜员追赶“标杆”的过程又是一个级次优化的过程，在这个过程中，柜员通过不断完善自我和持续改进每个细节，优化自己岗位工作的操作方法。在追赶“标杆”的过程中，柜员要慎重，不可急于求成，需要精雕细刻每个环节，然后实现渐进提高，急躁和冒进的结果会偏离追赶“标杆”的初衷。

向“标杆”学习不能仅限于表面，而应该对“标杆”形成的机理进行深入的分析，从本质上改善自己的工作和方法，形成自己的独特工作内涵和操作方式。即使选定了自己追赶的“标杆”，无论内容还是方法也会存在不足，面对“标杆”要认真考虑如何学习和追赶的问题，机械地照搬照抄不可能求得真经。

柜员岗位的人数比较多，可以选择“标杆”的范围也就比较大，这些“标杆”可以是自己身边的同事，也可以是银行系统内的岗位标兵，还可以是自己认为的优秀工作者，总之要适合自己的发展要求和银行业发展的整体趋势。

能够敢于寻找“标杆”，勇于追赶“标杆”，是岗位精益求精的开始。如果柜员能够坚持下去，即使自己不能成为“标杆”，在这个岗位上也一定会越来越优秀。

给自己计时

小范大学毕业后考进银行从事柜员工作，转眼间已经三年了。在这三年的时间里，除了日常工作之外，小范不是苦练业务技术，就是在外参加业务技术比赛，她努力提升自己的业务技能已经不仅是为了工作，更是对自己的职业要求。

小范在大学的专业是会计，她一直想进入银行工作，为此，她做了充分的准备，苦练过很长时间的通用技术。进入银行，小范有种千辛万苦后如愿以偿的感觉，她决心不辜负自己最初的决定和理想，成为一名优秀的银行员工。

走上柜员岗位之后，小范一心一意想把业务技术练好，为此，她付出了比别人更多的时间和精力。刚入行那段时间，单位每天都组织新员工进行业务技术训练，有些员工已经被这种枯燥的学习训练生活弄得疲惫不堪，可小范却像参加娱乐活动一样快乐。

在这些新员工上岗之后，银行不再组织他们进行基础技能训练，很多人为此欢欣鼓舞，小范却为失去了这样的学习训练机会而发愁。于是，她一有空就找老员工请教，很快她的业务技术已经明显优于同期的员工，但她仍不放松学习和训练，有的老员工说她已经很不错了，用不着这样苦练了，但小范觉得自己还有很多不足，还需要更多的锻炼机会。

为了掌握更多的操作技能，每学到新方法时，她就抽时间苦练，直到自己充分理解并使这项技能成为自己的习惯。柜员岗位基本功训练成了她每日的必修科目，特别是一些操作技术项目，她还让父母为自己计时，有时她还让父母特意为她制造干扰环境，提高她的心理稳定性。

值班顶岗时，她也悄悄地给自己业务办理计时，如果发现慢了，直到分析出原因才肯罢休。有时她还查看自己的监控录像进行细致分析，从中找到自己业务办理过程的具体问题。

为了练习岗位操作技能，小范还专门买了摄像机，在练习时进行全程摄像，然后反复观看分析，发现问题，及时改正，然后再进行检查，直至把问题纠正为止。在外出差时，她还去当地的银行营业网点观察柜员的服务技术，吸取别人的经验来补充自身的不足，她觉得每次都会有收获。

后来，小范参加比赛的机会多了，几乎每次比赛都是高手云集，这让她有了更多学习请教的机会，每次比赛回来她的业务技术水平都会有很大提高。

直到现在，小范在基本功训练时仍然会给自己计时，她说，这是逼自己最有效的一种办法，好不好行不行，秒表最可靠。

随着物质财富的日渐丰厚，人们的享乐思想日趋严重。现在，很多人不再讲艰苦奋斗，能够自觉加压的员工也越来越少。小范的可贵之处也正在于此，她完全可以像其他员工一样，除了日常工作之外，优哉游哉地享受生活，可她没有，而是为自己设立了追赶的“标杆”，并从自我超越中找到了乐趣。

她开始想得比较简单，就是让自己比别人强一点，从而获得他人的认可，随着职业的发展，她从苦练业务技术中找到了自己的人生价值。

也许，她开始工作时也会觉得很辛苦，但努力渐渐成为习惯之后便不觉得辛苦，一想到自己每天的收获和进步就会让她激动不已。就像人们常说的，人不能只是吃饭和睡觉，那是动物的生活方式，总要做点事情，总要给自己的生活增加一点意义。小范觉得与柜员岗位业务技术相关的活动最适合自己，这样的生活也最有意义。

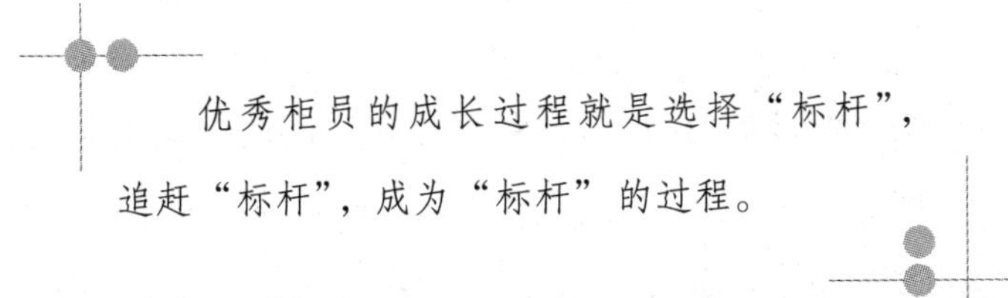

在这几年时间里，小范将自己大部分业余时间都用来琢磨与柜员业务技术有关的事情，她并没有觉得枯燥辛苦，反而觉得充实。其实，柜员精熟的岗位技术除了对岗位工作有用之外，对自己的生活也会起到镇静和安

神的作用，很多人在银行工作还很不满足，牢骚满腹，主要原因是其在工作中没有目标、无所事事。

小范因为苦练业务技术获得了大家的认可，在岗位工作中也有更多的话语权，既在同事中树立了威信，也为自己的发展创造了广泛的人际基础。

升级岗位“模板”

柜员岗位的工作内容比较多，高效管理这些工作内容也是柜员重要的岗位职责之一。最好的岗位工作管理方法就是让自己所面对的工作“模板”化，并把所有的“模板”进行模块化归类，这将有利于自己对岗位工作的量化管理。

所谓“模板”化管理，实际上就是对自己岗位日常工作进行条理化，把相关内容进行分类，对所有操作进行规范，对岗位工作的细节用特定的文本和表格固定下来，以便操作和执行。对岗位工作标准的描述、级次特征、推进方法都在相应的“模板”中进行记录，以便前后进行比较、分析和评价。

“模板”化管理可以对柜员岗位各项工作之间的关系用流程图的方式表达出来，工作进度也可以通过状态图进行表达。柜员通过“模板”，可以对各项工作进行最直观的了解和把握，如果能够长期对岗位工作进行“模板”化管理，就会逐渐形成个人岗位工作习惯或风格，进而优化自己的岗位操作。

刚开始对岗位工作进行“模板”化管理的时候，有些柜员可能会感觉不顺手，因为在“模板”的建立期会对过去的一些工作习惯进行改变，但是“模板”化管理系统一旦建立起来，整个岗位操作就会进入良性循环状态。

任何事情的改变都有一个过程，“模板”化管理的过程也是一个习惯转换的过程，这期间所出现的习惯替代也需要一个初试、改变、固定的过程。一个好的岗位工作管理“模板”的形成还需要相同岗位人员的相互沟通、交流和借鉴，以便模板的改善和优化。

在岗位工作“模板”建设的过程中，柜员要对其进行随机的检测，对岗位操作中的关键节点进行数据化分析。从而形成可以度量的岗位工作执行工具，特别是对规定性动作描述的准确性和对个性化动作描述的科学性进行反复的检测。

在“模板”建立的过程中，需要柜员强调具体操作的写实性描述，然后再进行归类总结，以提高“模板”的可用性。“模板”化管理最大的作用在于，柜员可以透过“模板”随时发现岗位工作中的问题，并根据“模板”项目找到问题产生的原因及改进方法，从而记录自己的岗位成长过程。

柜员岗位工作可以分成许多模块，但是归纳起来主要为以下几个方面：

一是岗前准备，包括工具、设备、物品、精神状态、着装、礼仪等。

二是日初处理，包括签到、现金出库、请领等。

三是储蓄业务，包括人民币与外币的活期和定期、其他储蓄业务，以及特殊业务等。

四是个人贷款业务，包括质押贷款、个人住房、消费贷款业务等。

五是对公存贷业务，包括单位活期、定期存款业务，以及单位贷款、贴现业务等。

六是代理业务，包括代收、代付、代理证券、保险、基金及外汇买卖业务等。

七是支付结算业务，包括辖内、同城、资金汇划、信用卡业务等。

八是日终处理，包括结平现金、核对重要空白凭证、结平账务等。

九是柜面应急处理，包括抢劫、火灾、诈骗、灾备等突发事件应急处理等。

此外，还包括前面提到的与以上业务相关的业务，如点钞、录入等岗位技术，这是保证岗位各项业务顺利完成的重要基础，仍然需要进行“模板”化管理。

当模块项目确定后，便可以对上述方法进行“模板”建立，并进行相应的分级。然后根据“模板”内容进行定期填写、分析和总结，提高利用“模板”化管理后的工作效率。

岗前准备“模板”升级

小毕刚从事柜员工作的时候精神高度紧张，每到上岗之前都要精心准备一番，可是上岗之后，他发现自己还是丢三落四，一度让他很受打击。

小毕的本意是想充分准备之后把岗位工作做好，让领导满意，可是他发现领导交代任务时，自己的身边总是缺东少西，虽然领导没说什么，可他的心里非常难受。

为了解决这一问题，小毕曾请教过老员工，大家的说法各不相同，他综合所有的办法后，形成了一份岗前准备备忘录放在衣服口袋里。在上岗之前，小毕就把备忘录掏出来看一下，这算是自己岗前准备的第一个“模板”，也正是这份备忘录让他萌发了建立岗位工作管理“模板”的想法。

在他建立的第一份岗前准备“模板”中，除了基本信息之外，把准备工作分为五类，每一类下面都有若干项目。在已经准备好的项目上画“√”，没有准备的他会在第二天的“模板”纸上特别标注清楚，提醒自己第二天早做准备。

第一类：清洁卫生，包括清理、清扫、擦拭机具等。

第二类：工具设备，包括计算器、计算机、点钞机等。

第三类：物品，包括单据、捆钞条、笔、水杯等。

第四类：精神状态，包括休息、神态、脸色等。

第五类：着装仪表，包括工装、工牌、个人卫生、发型等。

经过一段时间的训练，小毕完全改掉了原来今天忘戴工牌，明天忘戴领带，后天找不到笔等问题，取而代之的是从事各项工作的规律性更强，走上工作岗位也更从容了。

后来，小毕又把熟悉柜员工作内容和基本程序、岗位设置、基本礼仪、服务用语、相关法规制度等内容也加进了岗前准备“模板”之中，丰富了自己的岗前准备内容。

半年后，他又在原来的基础上加入了一些团队活动的内容，包括晨会中自己关注的内容，业务总结时他准备提出哪些问题等。随着工作技能的不断提高，小毕也注重提高自己的精神境界，在岗前准备“模板”中又加进了一些思想性内容，每天记一句对自己有启发的话，每天回顾一下当天工作的得失，每天重复一下为自己设定的目标等，这为他个人成长起到了积极的作用。

经过不断升级，他的岗前准备“模板”内容已经比较全面，设置也比较精细，形式更加美观，而且具有很强的学习功能，也成了小毕岗位成长的记录和职业发展的教程。

现在，小毕的岗前准备“模板”已经相当齐全，涉及岗位工作的方方面面，随着他的岗位工作和成长需要，“模板”也在不断增加和升级。现在，他手制的“模板”已经采用电子化手段，提示功能更强，总结能力更强，升级速度更快。

后来，小毕的岗位工作“模板”化管理方法在全行推广，他的“模板”制作也更精细，内容更全面，等级划分更科学，对岗位工作管理的作用更直接。

通过上面的案例，我们大概了解了小毕建立岗前准备“模板”的三个指导思想：一是有利于推动工作开展；二是有利于个人的职业成长；三是有利于岗位工作的精细化操作。为了便于比较和总结，小毕尽量把“模板”格式统一起来（见表4－1，以储蓄存款业务为例），让项目条理清晰，减少格式的转换对使用的影响。

表4－1　储蓄存款业务管理“模板”表

项目	内容	基础等级	提高等级	精细等级	备注
描述	意义：主要负债业务之一，吸收存款重要来源 分类：活期、定期、定活两便、通知等 环节：开户、存入、支取、销户、计息等 流程：受理、审核、现金清点、系统处理、打印、送别客户等				
知识	储蓄基础知识与规章制度 工作内容与流程 凭证格式与填写要求 计息方法				
技能	能够正确办理开户与销户 能够正确办理存入和支取 能够正确办理挂失等各类特殊业务 能够正确计算利息				

（续表）

<table>
<tr><th>项目</th><th>内容</th><th>基础等级</th><th>提高等级</th><th>精细等级</th><th>备注</th></tr>
<tr><td rowspan="4">操作</td><td>活期储蓄存款业务处理
1. 开户
2. 续存
3. 支取
4. 销户
5. 结息</td><td></td><td></td><td></td><td></td></tr>
<tr><td>整存整取定期储蓄存款业务处理
1. 开户
2. 部分提前支取
3. 销户
4. 计息</td><td></td><td></td><td></td><td></td></tr>
<tr><td>零存整取定期储蓄存款业务处理
1. 开户
2. 续存
3. 销户
4. 计息</td><td></td><td></td><td></td><td></td></tr>
<tr><td>个人通知存款业务处理
1. 开户
2. 受理客户预约取款
3. 支取
4. 计息</td><td></td><td></td><td></td><td></td></tr>
<tr><td>存在问题</td><td colspan="5"></td></tr>
<tr><td>经验</td><td colspan="5"></td></tr>
<tr><td>改进提升</td><td colspan="5"></td></tr>
</table>

在表4-1中，我们了解了岗位工作“模板”的基本内容，虽然柜员的业务种类很多，但“模板”在形式上大同小异，只是内容不同而已。

其实，每个人都可以根据自己的实际情况和需要设计不同的岗位工作管理“模板”，但需要柜员注意的是，制定好相关的岗位工作“模板”之后，能否发挥作用，关键是要持之以恒地执行下去。

实现岗位操作“标准化”

各家银行已经搞了很多年的柜员岗位“标准化”建设，目的就是让柜员在实际工作中落实岗位“标准化”，并把岗位工作做得更标准。

很多银行根据本行的实际情况对柜员岗位进行了“标准化”改造，具体包括岗位名称、岗位编号、岗位权限、岗位操作、岗位等级、岗位风险、岗位管理等，这些为每位柜员自身岗位的“标准化”提供了依据。

在实施“标准化”管理的同时，很多银行对柜员的业务水平、业务技能和综合素质也进行了“标准化”界定，明确了不同级别柜员的任职资格，确定了柜员准入标准，并制定了相应的岗位轮换标准、转岗考核标准、岗前培训标准、在岗继续教育标准、岗位评价标准等。如果每位柜员都能深刻理解和执行这些标准，对自身岗位素质的提高将会产生深刻的影响。

有些银行对柜员岗位业务流程也进行了“标准化”建设，按照产品与风险对存取款业务、贷款业务、结算及代理业务等业务流程进行了规范，对相应的流程要素进行了确认和细化。柜员可以严格按照这些标准处理业务，提高服务质量，有效防范风险。

有的银行从风险角度对柜员岗位操作进行“标准化”管理，对权限卡、会计核算专用印章、空白重要凭证、现金管理和密押机具等实物管理进行“标准化”建设。对账户、特殊业务、柜员行为、职业道德、服务效率、工作态度、着装礼仪、仪容仪表、服务语言、岗位环境等也进行了“标准化”建设。这样总体管理之后，柜员岗位工作“标准化”程度提高了很多。

目前最重要的问题是，柜员个人如何把这些标准落实到自己的岗位上，并把这些已经“标准化”的业务、流程、习惯和行为传达给客户，从而让客户适应和满意银行的服务。但是这些标准在柜员岗位工作中能够不折不扣地落实下来也有很大难度，在实际工作中，很多“标准化”管理并没有得到具体的实施。

“标准化”管理在柜员的岗位工作中没有落实下来的原因很多，除了有的银行制定的标准烦琐、脱离实际之外，更多的是柜员在思想上不认同、不愿从严、怕被标准管理、业务水平低、不熟悉标准，从而影响了“标准化”管理的作用发挥。

如果每位柜员都能够针对自己的岗位工作把已经形成的标准落地实施，那么，银行的各项业务一定会达到较高水平，如果柜员还能创造一些自我加压的标准，那他的业务水平也一定会高于其他同事。

在柜员岗位上，要达到一流水平，难度还是很大的，但并不是没有达到的可能，而且难度越大就说明自我操控的空间也越大，未来发展的空间也会越大，关键看柜员怎么安排自己的职业生涯。

优秀的柜员不会满足于银行规定的这些标准，一方面他们会细化这些标准，另一方面他们还会为自己的工作岗位创造新的执行标准，并不断超越自我。

为工具找到最佳位置

小巴刚从事柜员工作时总有一种不适感，使用办公用品时总觉得别扭，不顺手。起初，她认为可能是自己不习惯新环境的原因，于是，努力让自己适应岗位环境并有意识地改变自己的日常习惯，可是时间长了，她还是觉得哪儿不对劲，甚至办理业务用什么工具还需要想一下，这也影响了办理业务的速度。

她开始尝试改变一下办公用品的位置，特别是使用频率很高的用品。她按照自己的日常习惯做了一下前后左右位置和距离的调整，这样一来，感觉与过去很不一样。她从这件事上受到了启发，便把那些平时用不到的办公用品逐一进行了调整，慢慢地，她不仅感觉使用办公用品比以前顺手了，而且办理业务的速度也加快了。

从此，她便有意识地对办公用品的摆放位置进行设计，根据自己平时的感觉、观察和研究，回家后反复试验体会，然后画出摆放物品的位置图，回到岗位上按图摆放。

小巴将自己的活动半径范围内的物品按照必用、常用、多用、偶用进行了分类，依次摆放，每次办理业务必用品都放在自己触手可及的位置，依次增加物品摆放半径。她按照这四个半径的分类，把右手顺手拿取的物品从右至左摆放，左手顺手拿取的物品从左至右摆放，让自己在工作中的动作更方便、更精准。

她还参照人体力学原理对业务办理过程的动作可能引起身体疲劳的问题做了研究，把物品按人体力学原理进行摆放，让每件办公用品的摆放更科学、合理。仅是签字笔的摆放，她就做了无数次试验和测算，包括工作台上应该摆放几支笔，应该是什么颜色，哪些开着，哪些关着，哪些笔头向里，哪些笔头向外，都做了细致的安排。

现在与她岗位工作相关的每件物品都有属于自己的位置和固定的摆放方式，这不仅为小巴个人的工作提供了方便，也让她工作更有效率。

看了上面的案例，有人会觉得小巴做得过分了，简单的办公用品摆放至于搞得这么复杂吗？其实，这也是小巴岗位工作“标准化”的一个方面，把这方面做好，也是为了提高柜员岗位工作的效率。

“标准化”管理自己的岗位是一种良好的习惯，一旦养成这种习惯，就会认真研究与工作有关的每个细节，完善了每个细节也就会使工作做得更精彩。

很多人没有研究的习惯，特别是有些柜员觉得什么都是规定好了的，不需要自己劳神费力去研究。但岗位工作的实践告诉我们，研究和不研究差别很大，而且这种差别会随着时间的延长越来越大。

想得细、做得精才有执行力，小巴仅仅在办公用品的摆放上就花了这么多心思，足见她的认真态度和敬业精神。小巴表面上看是给办公用品找位置，实际是给自己的工作价值找位置，这种认真对待岗位工作、要做就做最好的职业习惯，一定会帮助小巴走上职业发展的健康之路。

从表面上看，小巴研究的内容不多，范围不大，但是仅就这一点来说，她一定深刻领悟了岗位操作“标准化”的精髓，才将其更有效地落实到岗位工作中去。

把自己打造成岗位“一卡通”

柜员的岗位工作并不复杂，但是要想做好做精，仅有单一的业务知识和岗位技能是远远不够的。柜员还要不断扩充自己的知识面和相关技能才能更好地适应工作，将自己打造成岗位“一卡通”，促使自己掌握更多的知识和能力，以便能做出新成绩。

现在各家银行的规章制度已经趋于完备，而且还不断推出许多与当前工作相对应的制度办法，柜员除了执行这些规章制度外，还需要深刻理解其中的深意和价值。

从我们多年从事银行培训的经验来看，执行的自觉性一般不会来自于规章制度本身，而是来自于柜员的思想、认识和精神境界。柜员越是看得远，越是有大局意识，越能超越自己本身的岗位职责，执行规章制度的自觉性也就越强。

近些年来，银行的改革步伐越来越快，各类规章制度频繁出台，银行员工的职业通胀率不断提高，一个好的柜员只靠单一的岗位技能是难以维持的，还需要诸如思维方式、学习能力、处事方式等“软实力”做保证。

在柜员岗位上，看似简单重复的日常工作需要相应的职业经验来支撑。新员工与老员工的差别一般不在岗位知识和技能方面，而在于经验，个人岗位工作经验的总结是让岗位操作变为习惯甚至风格的捷径。

一般来说，柜员岗位比较封闭，有些柜员对其他岗位的工作几乎没什么了解，这不仅妨碍他们良好的沟通，也妨碍他们从更广的视野和更高的层次去看待和做好本职工作。

柜员岗位虽然属于业务岗位，但是也需要柜员对现代管理和人文社会知识有所了解，以拓展自己的知识面，增加生活和职业的信息量，紧跟时代步伐，拓展岗位空间。同时，柜员还需要对银行风险和岗位风险有深入了解，提高自己的风险识别和防范能力，保证岗位安全。

在柜员岗位上，越要做得优秀，越要增加自己的知识量，越要提高自己的技能水平，越要培养良好的职业习惯，越要更多地了解银行的经营与管理知识，越要防止岗位意外。一位优秀的柜员的知识面不会局限于自己的岗位，而会努力把自己打造成岗位“一卡通”，在做好本职工作的前提下，不断创新，努力提升自身能力并为银行的发展做出自己的贡献。

功夫在诗外

小伊从事柜员工作之后调整过几个具体岗位，但是无论在哪个岗位，他都一如既往地学习研究，不断扩大自己的视野和学习范围，成为该营业网点中最年轻的资深柜员。

小伊大学里学的是物理学，与金融相隔甚远，这个情况使他做柜员后经历了比其他人更艰苦的学习过程，也使他从很客观的角度看待金融，看待自己的岗位工作。

小伊工作没多长时间就参加了金融硕士研究生班的课程，他想通过这种方式补上学业的不足。有人告诉他做柜员不用那么高的学识水平，可他从未来着眼，觉得要做好岗位工作没有用不上的知识和过剩的能力。

对待岗位工作，他的视角更大，眼光更远。在学校读书时，他就对人物传记感兴趣，特别喜欢看企业家成长的故事，这也为他日后的工作打下了相应的思想基础。在柜员岗位工作久了，思维容易简单化，思想容易僵化，办事容易刻板，生活变得循规蹈矩，甚至影响应变能力，小伊想通过丰富自己的职业生活来改变这一状态。

对岗位工作，他不是简单做完而已，而是面对具体工作不断思考，常问为什么，增加了岗位工作的深度。虽然是相似的岗位工作，小伊的收获却比其他人多。他比较注意岗位沟通，特别是跨岗位的沟通，以便收集更多的信息，学习到更多的新知识，一点一滴地积累自己的能力。

小伊更注意与领导的沟通，银行里有什么事，他都会积极参加，特别是大家不愿意承担的向上报送文字材料的工作，他经常利用业余时间撰写，得到了领导的一致好评。

凡是有人群的地方就会有矛盾，银行也不例外，同事之间的矛盾时有发生，可是小伊从没有与同事计较过。他认为别人对自己有意见正是对自己的帮助，理性分析别人对自己的批评，有则改之无则加勉，总之要感谢对自己提出意见的人。

小伊对非柜员岗位的业务也非常感兴趣，他主动接触其他业务，觉得这样更容易与其他岗位的员工产生共同语言，建立感情，也更有利于自己本职工作的开展。

一有时间，他总是到处请教，特别注意对老员工经验的消化，常常利用吃午餐的时间与领导、其他岗位的同事讨论工作中的问题，请教自己所遇到问题的解决办法。这些不起眼的零碎时间不仅成了他学习充电的机会，也为他争取到了更多的资源和各方面的支持。

小伊在本职工作之外不断寻找机会来补充自己的不足，充实自己，这不仅拓宽了自身掌握的知识和技能的范围，还为自身的职业发展搭建了很好的施展平台。

小伊在做好本职工作之外，尽可能多做其他工作，给了自己一个锻炼的机会，这对职场中人来说是非常有远见的。

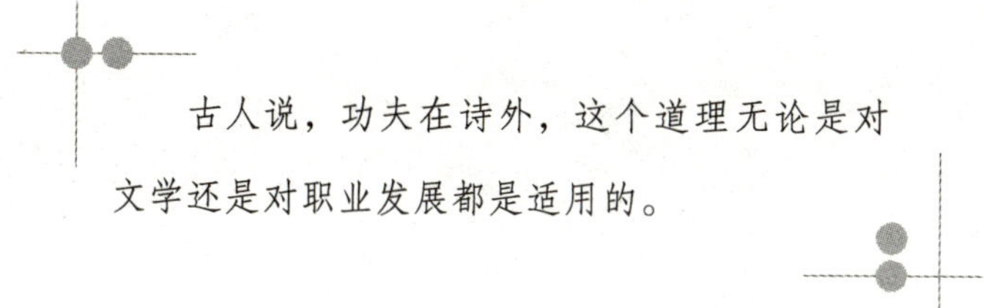

小伊的聪明之处就在于他不把自己局限于本职岗位，而是以岗位工作为中心尽可能多地接触岗位之外的事情，吸收本职工作以外的各种养分。在实际工作中，我们要向小伊学习，努力把自己打造成岗位“一卡通”，努力使自己成为全能选手。

职场的难点是人际沟通，小伊没有简单地看待职场，而是把岗位工作看作是职场人际交往的平台。他主动接触更多的人，并努力提高自身能力，从而获得了大家的认可。

小伊面对的不只是自己的本职工作，始终保持着积极的态度去学习新事物。因此，他也在学习的过程中接收到新信息，掌握了新知识，锻炼了新能力。面对矛盾，小伊不是消极回避，而是用积极的心态去应对，通过直面矛盾发现自己的不足，找到提高自己的办法和机会。

仅就柜员的岗位工作内容来说确实不复杂，但是真要钻研进去却又实在不简单。要做好柜员工作，没有小伊的肯干精神，仅依靠已形成的岗位规定去操作业务是不会有太大的岗位突破的。

第五章

把工作当成自己的事

进入银行从事柜员服务工作，究竟是为银行做事还是为自己做事？这一问题困扰着很多柜员，他们中的大部分人总以为自己是在为别人做事，不值得全身心投入。

关于工作是自己的事，还是别人的事，不同的认知会有不同的答案。如果柜员认为是别人的事，自己又何苦要全力以赴，应付日常工作便是合情合理的事，尽力而为已经是不错的表现了。如果柜员把岗位工作看成自己的事，就不会仅仅满足于完成日常工作而会全力以赴，发挥自己最大的潜能，争取更好的成绩。

如果把岗位工作当成别人的事，你就会懈于学习和训练，把业务技能的标准定在能够应付眼前的工作上。如果把岗位工作当成自己学习和成长的机会，就会抓住一切可能的机会提高业务技能并积累岗位经验。

在市场经济的观念已经无孔不入的今天，很多柜员会用交换的意识去面对岗位工作，他们只求自己的付出能对得起自己的工资，正所谓拿多少钱做多少事。而优秀的柜员更看重自己未来的职业发展，希望借助岗位平台来积累自己的无形财富，为明天做好准备。

如果柜员的心里总想着自己是在为别人做事，那么做事的过程本身就已经是件痛苦的事，稍有不满便会抱怨连连，甚至萌生放弃工作的想法。如果柜员把岗位工作当成自己的事来做，再忙、再苦、再累也会心甘情愿，因为他们在这种忙碌、劳累和辛苦中收获了更多有价值的东西。

有些柜员总是害怕领导对自己不公平，怕领导给自己加任务。如果把岗位工作当成自己的事情，很多工作就会自己争着去做，因为工作里有自己的理想和乐趣。柜员的岗位工作对有些人来说是枯燥的，有些人却乐此不疲，因为他们把岗位工作当成了自己的事，因而迸发出了无尽的热情与活力，并激发出自己无限的潜能。

把柜员的岗位工作当成自己的事，做每件事都是在成就自己的事业，这样也会有自己清晰的职业定位和目标追求。优秀柜员之所以比一般柜员具有更持久的工作热情，比一般柜员更容易取得成功，关键是他们把柜员的岗位工作当成自己的事，总是要求自己要做得更好。

优秀柜员不是把日常工作当成繁杂事务来处理，而是给工作附加上更高尚的人生意义，因而带着一颗崇敬、感恩和虔诚的心去工作。柜员把手上的工作当成实现个人使命的工具，才会使自己的日常工作更有价值。

有的人是违背了自己的意愿才走上柜员岗位的，面对枯燥、重复的岗位工作，这种人感觉不到工作的乐趣，甚至不满意自己的岗位，更不尊重自己的工作。因此，这种人不会把工作当成自己的事情来做，岗位工作质量势必会受到相应的影响，以至于领导不满意，同事不看好，客户不高兴，自己不快乐，最终造成恶性循环。

把工作当成自己的事情来做，不是一句话就能解决的问题，这需要一个不断认识和历练的过程。这需要每位柜员在日常工作中认真地思考和总结，逐渐把自己的使命和岗位工作结合起来，主宰自己的命运，让工作支撑起自己未来的人生。

让工作激情永不“签退”

当你走上柜员岗位的那一天，你就成了这家银行的“门面”，你的所有表现都代表着这家银行，客户也会通过你的表现来认识这家银行。因此，柜员如何表现不仅是个人工作的问题，而且是涉及全行的形象问题，进而涉及一家银行的市场竞争力和未来发展。

柜员的岗位工作比较枯燥、烦琐，容易让人产生倦怠感。因此，保持持久的工作激情就成为每位柜员最重要的职业修养之一。

人在激情的支配下，常常能调动自身的巨大潜能，保持对某种事物的强烈渴望，驱使自己去从事所希望的事情，并长时间保持极大的热情。其实，柜员正需要以这种激情来对待岗位工作。

在工作岗位上，如果柜员能够始终保持相应的工作激情，就会认真对待自己的岗位工作，使自己在工作过程中表现得更加干练高效，并锲而不舍地追求自己的职业目标。

有的人总担心柜员岗位没什么前途，对岗位和未来发展缺乏信心，因而很难保持相应的工作激情，当个人目的达不到时就会产生懈怠感。解决这个问题就需要柜员在岗位工作中找到自己未来发展的通道。其实，任何岗位都会因为工作压力让人产生烦躁情绪，柜员岗位更是如此，因而学会舒解自己的压力，进行恰当的压力转换和情绪替代，便可以较好地保持相应的工作激情。

有的柜员最初是被银行外在的光鲜吸引，他们并不知道自己为什么喜欢银行工作，当走上柜员岗位时，发现一切与自己想象的相去甚远，临门之前的那种激情早已无影无踪。面对这种情况，我们建议柜员要客观主动地面对现实，重新规划自己的职业生涯，这样在改变自己职业规划的过程中还能重新找到工作的激情和目标。

长远的职业目标永远是保持长久工作激情最重要的动力，当你的职业目标实现的时候，就会切实感受到自身存在的价值，也会受到他人的肯定和尊重，成就感就会油然而生。如果你能够连续为自己树立新的目标并努力追求，自然就会保持高涨的工作激情。

在业务技术娴熟之后，有些柜员只看到了自己日复一日地重复着琐碎的事务，一天下来忙得够呛，累得要死，却不容易得到领导的表扬，也很难获得客户的好评，无所适从的感觉容易导致情绪低落。在这种情况下，柜员不能自暴自弃，而应该找到工作的突破点，重新燃起工作的激情，工作不是为别人而做，而是为了实现自身价值而做。

岗位激情就像一部发动机，需要不断加注燃料才能保持动力，当初走上柜员岗位时对自己所寄予的厚望需要不断注入新的内涵才能保持当初的激情。

被扶着走路的人永远也走不快，在柜员岗位上，不会有人一直陪着你、鼓励你、帮助你，工作岗位上的一切都需要自己去独立承担。能否做好岗位工作完全是自己的事，只有让工作激情永不“签退”，才会在岗位上顶得起来做得下去，创造出新的业绩。

一位刚刚走上柜员岗位的员工，往往处于激情四射的工作状态，即使起早贪黑，加班加点，也会很开心很快乐，因为他们知道自己业务不熟，技术不精，经验缺乏，必须这样做才可能赶上来。随着业务技能的熟悉，如果他还想保持当初的那种工作激情，就需要保持自己永不“签退”的求知欲，在这种欲望的推动下，不断向自己的目标迈进。

要让自己的工作激情永不“签退”，柜员还要有自己的职业发展计划，按照计划做好每个细节，并体会做事过程中的愉悦感和成就感，进而抵消可能出现的精神懈怠。优秀的柜员不会让自己的工作激情“签退”，他们会在工作激情的推动下走上一个个职业发展的新台阶，奔向美好的未来。

敬畏柜员岗位

小庞是一名高职学校的毕业生，十年前她所在的城市刚刚组建统一的城市信用社。由于人们对城市信用社还不认可，招聘员工比较困难，小庞就借着这个机会进入了这家信用社工作。在刚进入信用社的时候，小庞并没体会到这个工作的意义，只是跟着老员工学习业务技术，做着在她看来最基本的柜员业务。

这家信用社发展得很快，员工的待遇也很好，社会认可度大幅度提高。第二年，该信用社就招进了一批大学专科毕业生，第三年又招进一批大学本科毕业生。很快，这家信用社改制为城市商业银行。

这些变化就发生在小庞的身边，她开始感觉自己学历、知识、能力不足，她甚至暗自庆幸自己提前进入这家银行，否则可能无缘这份工作。随着时间的流逝，她又发现那些大学本科毕业生费了很多的精力才进入自己的单位，而自己的学历不如人家的高，所以，危机感在她的心里潜滋暗长。

她不知道自己还能不能在这种激烈的职业竞争中继续占有这个岗位，为了保住自己的岗位，她开始利用一切机会提高自己的能力和学识水平；加强业务技术训练，提高岗位技能水平；更加努力工作，提高自己的岗位竞争实力。

一旦敬畏起自己的岗位工作，她就像上了发条的机器一样不停地努力工作，不知疲倦地学习。经过努力，小庞很快拿到了本科自考文凭，还被上级单位评为优秀员工。与她相比，那些学历比较高的员工反倒不像她这样刻苦敬业。有的甚至瞧不起她，认为她这样工作有些傻，可她毫不在意，还是一如既往充满激情地工作着。

十年过去了，她已经是有资历、有学历、有能力的老员工，但仍然像过去一样充满激情地工作，因为她从柜员岗位中实现了自己的人生价值。现在，她已经是全行的明星员工，除了给新员工授课、教技术、带徒弟外，每年还为新员工做岗位传统教育报告，担起思想教育工作的重任。

在中层干部职位竞聘中，小庞顺利成为其所在支行主管内勤工作的副行长，在全新的岗位和职责面前，她仍然充满激情地工作着。

开始工作时，小庞并没有意识到柜员岗位对自己个人来说有多重要，对自己的未来也没有一个清晰的目标，仅仅是想做好自己的分内事而已。随着经历和阅历的增加，小庞开始对职业和生活有了一些思考，努力寻找自我，感觉到自己幸运的同时也给自己的工作附加了新的意义，从而找到了释放工作激情的着力点。

在工作中，不是每个人都像小庞这样看待自己的岗位工作，更不会对自己现有的岗位产生敬畏心，因而也就无法激活自己的工作激情。虽然都是一样的工作，但是有无敬畏心直接影响着一个人的工作状态，影响岗位的业绩和表现，影响个人的发展走向。

小庞是幸运的，她进入了银行工作又及时发现了自己的问题，然后进行反思，并采取了正确的措施予以补救，这对她来说更是极大的幸事，否则她也很难有今天的成就。

每个人都需要对自己的工作进行回顾和反思，及时发现和领悟人生与职业的真谛，并把它变为自己的思想和意识，这样才会受益终身。

很多人没有小庞这样的领悟力，缺少对自己职业的深入思考，因而总是觉得无从改变自己的心态和状态，也就无法升华自己内在的价值。在当前职业竞争越来越激烈的状态下，学历已经不再具有强大的竞争优势，能够在岗位上产生持续的优势才能在工作激情的支持下创造卓越的工作业绩。

将工作职责“置顶”

银行是一个管理比较严密的机构，条条框框比较多，各种业务都强调按照规章制度办事，对各岗位的职责要求也很明确，一个优秀银行员工的前提条件就是严格履行好自己的职责。

在银行岗位中，柜员的岗位独立性比较强，对职责履行的要求也比较高，而且人们常常把柜员能否有效履行岗位职责作为评价该银行优劣的重要标准。

一位柜员能否把自己的岗位职责印在脑子里，融化在血液中，落实在行动上，是评价其是否合格，以及优秀的重要标志之一。

在实际工作中，有些柜员并不清楚自己到底要履行哪些职责，怎样创造性地履行这些职责。他们只是跟着感觉工作，想到哪里就做到哪里，因而也很难优秀起来。这些柜员只是了解通用性的岗位职责，对更专业的职责并没有细想；或只是看懂了柜员职责的字面意思，并没有深入理解其中的含意，对其理解还比较肤浅。

有的柜员觉得，我能完成岗位工作就可以了，研究那些概念有什么用。其实，这是并没有完全理解柜员职责的真正意义，这样的柜员自觉履行好岗位职责很难，更不用说成为优秀柜员了。

理解柜员岗位的通用性职责非常重要，理解得越深刻，越能自觉执行各项规章制度，越能方便快捷地处理各项业务，越能为客户提供更优质的服务，从而全面提高自身的工作水平。

按岗位分工的不同，柜员的职责也有着明显的差别。在上岗之前，如果柜员理解这些职责的不同更有助于提高自己的业务能力和服务水平。

下面我们分析一下，柜员的不同岗位工作及其职责。

现金柜员，负责各类现金业务的办理、零钞清点、大额现金清点等工作，该岗位也是其他柜台工作的基础。这一岗位需要细心、耐心和高超的专业技能，有辅助其他岗位工作的服务意识。

高柜柜员，负责处理对公、对私的各类柜台业务。这一岗位需要柜员具有高超的服务技能和技巧，能够独立面对客户并处理各种问题。

综合柜员，负责对普通柜员当日的各类账务进行核对、监督、审查；对特殊性柜面业务经办流程的解释、银行规章制度执行情况的检查监督；必要时办理相应的业务等。这一岗位需要柜员具备较高的政策水平、全面的业务能力和相应的管理能力。

低柜柜员，负责经办个人消费贷款、个人住房贷款、个人理财、网上银行等非现金业务。这一岗位对柜员的个人素质要求比较高，需要具备广泛的金融知识和贷款处理技能。

大堂经理，负责业务宣传、客户引导、业务咨询、客户矛盾调解等工作。这一岗位除了需要具备较高的业务能力、广博的常识水平外，还需要丰富的职业阅历和人生经验，能够处理复杂的矛盾和问题，并具有亲和力。

正确解读和深刻理解自己的职责，不仅有利于岗位职责的履行，而且有利于自己在岗位上开展创造性工作。只有认识了，理解了，才能真正看重岗位工作，才能把自己的岗位职责置于崇高的位置之上，自觉地做好岗位职责所要求的任何事情，才能做出更优异的成绩。

如果柜员能把自己的岗位职责置于最优先的位置，岗位工作从职责出发，工作标准用职责衡量，岗位行为用职责约束，成为优秀柜员就只是个时间问题。

优秀柜员不仅能把自己的岗位职责“置顶”，而且能够时刻用以检查自己的工作，并不断深化自己岗位工作的内涵，朝着自己的职业理想努力奋斗。

有事您尽管说

小赵担任大堂经理的职务之后，就多了一句口头禅：“有事您尽管说。”小赵开始是对客户这么说，后来对同事也这样说，大家都说她得了职业病。

小赵初入银行时从事柜员工作，刚开始工作时，基本业务技能难不倒她，但对于客户提出的稀奇古怪的问题却难以应对自如。

为了解决这个问题，她下了不少功夫，因为她的目标是让每位客户都因为自己周到的服务而成为银行的忠诚客户。因此，她利用业余时间自我补课，除了熟悉岗位业务之外，还学习了经济、金融、社会、生活等各类知识，以备客户的提问。

为了留住客户，与客户拉近关系，她一有时间就会背客户的资料，尽可能详尽地了解客户信息，以便可以与客户进行深入的沟通和交流。

一次，一位学生模样的女孩走进营业大厅，她马上走过去问对方有什么需要。女孩不好意思地说：“天太热了，进来凉快一下。”

小赵笑呵呵地请女孩里面坐，并给她倒了一杯水。小赵和女孩交谈起来，了解到这是一位外地来这里上学的大学生，她认为大学生虽然不是银行的大客户，但她是银行的潜在客户，所以小赵诚恳地对女孩说："有什么事你尽管说，我一定会尽我所能帮助你的。"

女孩走了，但是女孩的信息却牢牢印在小赵的脑子里。

又过了几天，那位女孩走进营业厅，小赵马上叫出她的名字，并请她到里面坐，同样给她送上一杯水。后来，女孩说想在这里办张银行卡。

银行卡很快就办好了，女孩说："我是冲着你的热情来的，没想到你竟然还记着我的名字，听你叫我的名字，就像在一个陌生的城市里找到了亲人。"

小赵还是那句话："有什么事你尽管说，你就把我当作姐姐。"

又过了几天，那位女孩带来了好多同学，说要在这里办银行卡，同时来找小赵认姐姐。

在小赵心里，有一个最重要的目标，就是要让走进营业厅的人成为自己的客户，进而成为银行的忠诚客户。这种想法一旦在她心中"置顶"，她就会克服各种困难，完成自己平时认为做不到的事情。

为了能够胜任这一岗位，把工作做得更好，小赵努力学习与岗位相关的知识和各项业务技能；为了能与客户有深入地沟通，获得客户好感，小赵利用业余时间背下客户的资料。正是这种努力使她的能力不断提高。

她对人热情，又时时刻刻想着为银行寻找忠诚客户，已经把对人热情变成了自己的潜意识，也把岗位职责深入到了自己的行为习惯之中。

让职责融化到自己的血液里，始终让自己的职责在头脑中"置顶"，一切都会做得自然而然，并成为更多客户的亲人。

那位大学生本可以不来这家银行办业务，但就是因为小赵这样看似平常的举动打动了她，让她有一种找到亲人的感觉，因而成为小赵的客户，并带来了其他客户。

一个营业网点的口碑和知名度常常就是因为热情对待每位客户而建立和宣传起来的。

让手上的工作及时“结账”

柜员的岗位工作大致是固定的，每天都进行着类似的业务流程，正因为这样，要在柜员工作上做出特色也不是一件容易的事情。

如果柜员每天在自己的岗位上都是应付着日常工作，那么每天的工作成果都是一样的，这就不可能在工作上有所突破，也不能在平凡的岗位上有所创新。这样的柜员就是没有让手里的工作及时“结账”，也就是说，柜员总是重复着相同的工作，没有理解柜员岗位的真正意义和价值，自然做不出成绩，也就无法从普通变为优秀。

岗位工作的入口是岗位知识，仅从这一点来说，柜员需要掌握的知识和技能就有很多。一位知识丰富的柜员和一位知识贫乏的柜员，其工作成果也会大不相同。

岗位工作的提升需要业务能力的支持，即使干了一辈子的柜员，也不能说把所有的业务技能都掌握了，而且学习和积累是每位柜员的长期任务，业务能力越强工作才可能做得越好。因此，柜员要在工作中不断寻求创新与突破，让手里的工作及时“结账”，不要总是墨守成规地工作，这样永远无法进步和成长。

岗位工作要做得好，仅仅具备与岗位相关的知识和能力是不够的，还需要更广的知识面和更多其他的能力，而这些能力不可能一蹴而就，只有随时“刷新”自身的能力才能得以实现。

从本质上来说，银行是服务行业，需要广泛的人脉和口碑，如果不能随时“刷新”自身的优秀记录，工作就可能出现停滞，或者即使做得很努力也未必能得到客户的认可。

柜员是个比较辛苦的岗位，但是客户不会因为你辛苦就能谅解，相反，你做得辛苦却没有成效，客户还会因此怀疑你的能力。让自己手上的工作及时“结账”，用新的岗位业绩“刷新”自己的记录，并不断积累下去，优秀柜员才会不断产生，才会受到更多客户的喜欢。

每个人都有懈怠的时候，在柜员岗位上工作久了，更容易懈怠下来，手上的工作不能及时“结账”，天天都是老样子，优秀就会离自己越来越远。如果把及时“结账”变成一种工作习惯，就可以随时“刷新”自己的工作记录，随时产生新点子，随手做别人没想过的事情，岗位业绩也会在不知不觉中得到提升。

越是及时让自己手上的工作“结账”，对自己工作内容的更新就会越快，并不断固化自己的更新模式，让自己的工作能力的提升变得更容易。

及时让自己手上的工作“结账”确实有难度，也正是因为这个难度才能区分出优秀柜员与普通柜员。

能让自己手上工作及时“结账”的柜员，更容易引起领导的重视，因为领导总能看到他们新的工作内容和新的工作业绩，这不仅有利于柜员个人的职业成长，而且对银行的长远发展起到了促进作用。

逼着自己做得更好

小武大学毕业后进入一家国有商业银行工作，开始她并没有什么想法，带有一种随遇而安的状态走上了柜员岗位。

她的师父也是一位大学毕业生，已经在柜员岗位工作了五年，是全行的业务尖子，营业厅里的工作没有他不精通的。小武开始并没有觉得自己的师父有什么特别的地方，也不知道师父对她来说意味着什么，她只是照着师父的样子学习各项业务。

师父每隔一段时间都要跟小武谈一次话，告诉她下一步的目标是什么，该知道哪些岗位知识，该掌握哪些业务技能。小武没有多想就照着做了。半年过去了，她已经比较熟练地掌握了岗位业务知识和技能。

这时，师父又找小武谈话，告诉她要想在柜员岗位上做出成绩，就需要每天给自己设立新的目标，然后努力达到这一目标，不断逼着自己做得更好。小武回想一下自己这段时间的学习和训练，发现自己正是这样走过来的，她觉得这是自己今后该走的路。

开始，小武给自己定一些目标还去征求师父的意见，师父告诉她只要自己认准的就要坚持做下去，也许并不能达到目标，但坚持的过程很重要。小武认为师父的话很有道理，她开始有目的地规划自己的工作。

她把自己的岗位工作分为知识类、技术类、能力类、认识理念类，然后把这些类别要求划分出不同的档次，一档一档地给自己提出目标要求。要实现这些目标就要付出相应的辛苦，有时候她真想休息一下，但是马上就想到师父说的话："逼着自己做得更好。"于是，她又努力坚持下去。

按照小武的规划，每天都有新东西来充实自己，每天都有那么一点点收获，虽然很小，可是积累起来的成果却是巨大的。当她工作满一年时，市分行举行新员工业务技术成果展示，她获得了全能员工的第一名，为此还被评为当年的先进工作者。

这给了小武极大的鼓励，继续“逼着自己做得更好”，业务技术和能力也有了质的提高，多次代表市分行参加省分行组织的各类比赛和活动，而且都取得了较好的名次。

随着小武知名度的提高，她受到上级领导的重视，后来她由普通合同制员工转为无固定期限合同制员工，并被作为后备人才进行培养。

其实每个人都有惰性，都不愿意给自己加压，都想过舒服、悠闲的日子，但是生活不能没有意义，失去意义的生活只能让人更加空虚和无聊。

小武开始也没有想要奋发图强，但是她遇到了一位能够引导她不断走向优秀的师父，让她领悟了职业和生活的真谛。不是所有人都像小武这么幸运有人指点，常常需要自己去摸索和体悟，在不知碰了多少钉子，走了多少弯路后，才能找到自己走向未来的通途。

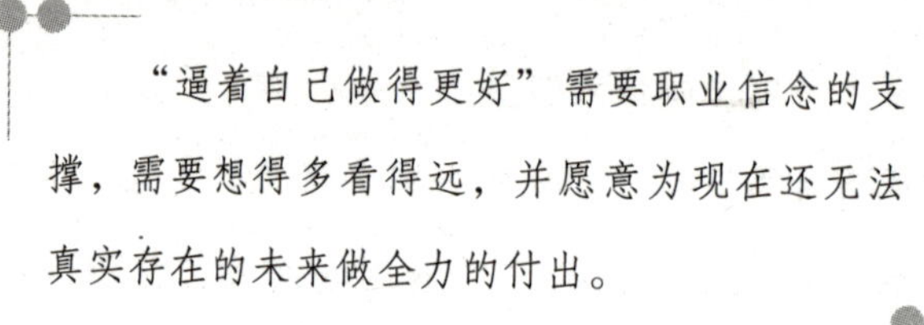
“逼着自己做得更好”需要职业信念的支撑，需要想得多看得远，并愿意为现在还无法真实存在的未来做全力的付出。

一个初入职场的人，不仅缺乏工作经验，也缺乏生活经验，想不明白的事情很多，很难自觉地去做应该做的事情，这时为自己加压，认真做好自己的工作就变得尤为重要。一个人开始“逼着自己做得更好”可能很难，但是一旦做出成效时可能会改变自己的看法，从而坚持下去，就一定能够不断走向优秀。

小武的优秀既是师父带出来的，也是自己逼出来的，每个人未必能像小武这样幸运，但是每个人都可以像小武那样努力使自己更优秀。

主动做他人的“B角”

柜员岗位的独立性让更多人专心做着自己的工作，很少关注他人的事情，甚至更不愿意插手别人的业务，这不仅是怕麻烦，也怕承担相应的责任。

随着岗位竞争的加剧，人们更不愿意关心别人的事情，不愿意帮助别人做些事情，甚至有人会把别人的失误当作自己进身的机会。实际上，任何人的职业成功都不可能是单打独斗实现的，而是在个人的努力和众人的支持下完成的。

现在每个人都想成就一番事业，但所谓事业不是一个人的事业，而是一群人的事业，只是每个人在这项事业中所起的作用不同而已，银行的事业更不可能靠一两个人去完成。

在一个团队中，如果你自己足够优秀，有人愿意与你共事，更多的人围绕你组成做事业的团队，而你也不要把所谓的事业看成只是自己的事业，甘愿为别人的成长和发展做出自己的努力，这样才可能最终成就自己的事业。

人人都想谋求自己的组织地位，都想成为一呼百应的领袖，要实现这一理想就必须首先为他人付出，主动做他人的“B角”，这样才能得到他人更多的认可，最终成就自己。

领袖的成长过程是一个历练的过程，先要甘当“B角”，修成领袖气质，营造领袖气场，练就领袖能力，最终成就精神的或实际的领袖地位。

在银行里，层级管理非常严格，要超越这个层级管理非常不易，想脱颖而出就更难。只有脚踏实地做好自己的工作，做好他人的“B 角”，积累自己的能力，才可能成就自己的卓越。

面对同事是这样，面对领导也是这样，柜员应多站在领导角度想问题，办事情，做好领导的“B 角”，才可能成为领导。有些人不愿意与领导“同流合污”，好像尊敬自己的领导像巴结领导一样，其实真心实意为自己的领导工作与巴结完全是两回事。主动站在领导的角度想问题，多替领导着想，才能在岗位上多一个看问题的视角，才能知道怎样从别人的角度做事情，从而推动自己成长。

甘当他人的“B 角”，便于从他人的角度去考虑问题，更容易体会他人的感受，做事情才不容易形成自己的偏见，容易被别人接纳，形成利益共同体。有甘当“B 角”的心态，就会积极主动地找活干，而不是疲于应付自己的事情，有了这种心态才更容易做出成绩，更容易得到大家的认可。

甘当“B 角”就会主动补位，把别人可能忽略的事情主动接过来并处理好，防止自己的团队成员出现差错。在你主动补位的同时，你也获得了团队的向心力，在团队中你也会承担更重要的责任。优秀的柜员会主动做他人的“B 角”，在与他人共同成长中成就自己。

替补队员

小高从事柜员工作已经三年了，她除了自己的岗位工作做得很出色之外，与同事的关系也非常好。她总是在能够帮助别人的时候主动伸出援手，毫无私心杂念地替别人做事，为他人担责。

小高刚入行时，只是想尽快学些业务知识和岗位技术，一有空就帮人做事，时间一长，便养成了乐于助人的习惯。几年过去了，她还是老样子，过去是帮老员工做事，现在帮新员工做事；过去是想学习东西，现在是想把自己的经验教给新员工，为全行工作水平的提高做点贡献。

新员工入职之后，营业厅的工作就显得有些忙乱，小高经常跟在新员工的后面收拾残局。因为新员工对工作环境和工作流程不熟悉，因而很多工作难以做到位，她便主动做了他们的“替补队员”。

有的员工家里有什么急事脱不开身就会想到小高，只要和她说一声，她就会高高兴兴帮人家办得妥妥帖帖。时间久了，许多员工家属都认识小高，知道她是个乐于助人的好姑娘。很多员工不愿意参加培训听课之类的事情，小高就去做“替补队员”，而且乐此不疲，她说：“我这样做既帮了别人，又让自己学到了知识，这是一举两得的好事。”

小高虽然是普通柜员，但若是主管有事情忙不过来，她也会主动帮助主管做事情，时间久了，帮主管勾兑流水几乎成了她的工作。在营业厅里，小高真的成了名副其实的“替补队员”，只要哪个岗位出现空缺，有什么紧急的任务，她都会主动顶上去。

反过来，只要小高有什么事，其他同事也都争着过来帮忙，她在感受到团队大家庭的温暖之余，自己的工作也在大家的帮助下做得十分出色。

新员工把小高当作他们的姐姐看待，对她格外亲近，有什么心里话都找她说，也成了她事业的好帮手。老员工把她当妹妹看待，除了工作上帮助她之外，还把工作多年的心得毫无保留地传授给她，让她少走了不少弯路。

由于小高为领导承担了不少责任，并成为领导与员工之间的润滑剂，领导有什么事都会找她商量，她自己也积累了不少管理经验。

小高开始也没有意识到自己是团队事业的一部分，只是从尽快解决自己的业务技术和能力这一点出发。随着时间的流逝，她逐渐感受到了自己与团队的关系。小高从受人帮助中体会到了个人成长与团队事业的意义，也从帮助别人中体会到了自己在团队中的作用和价值。

小高表面上是在做别人的“替补队员”，实际上她是在给自己增加职业能力和个人业绩的价值，增加自己在团队中的责任和使命。

帮助别人一次两次真的不能说明什么，别人也未必能感受到什么，一旦坚持下去，成为他们可以依赖的“替补队员”，情形就会完全不同。帮助别人，一定是种甘心情愿的事情，如果带着某种目的去做，当你得不到所期望的东西时就会感到失望，甚至后悔不迭，那也将失去这一过程的真正价值。

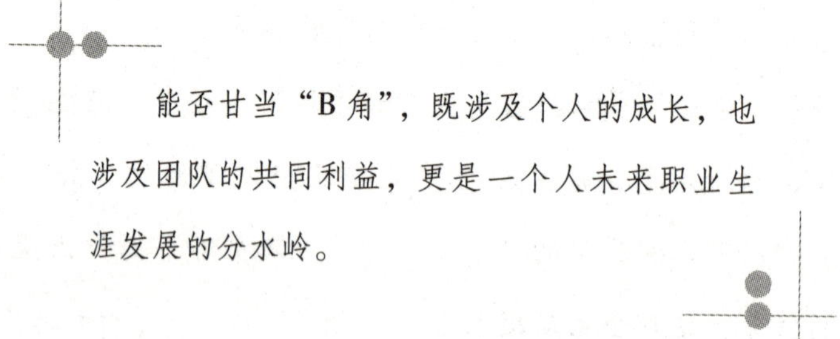
能否甘当“B角”，既涉及个人的成长，也涉及团队的共同利益，更是一个人未来职业生涯发展的分水岭。

小高不仅帮别人做了事情，她的思想观念在替别人做事的过程中也发生了相应的转变，能够多视角地看待自己和事业，知道如何朝着自己的目标去努力，这是她帮助别人最大的收获。

人们的职业生涯本身就是一个“场”，并且每个人都具有“场”的特点，每个人所有的行为都会在这个场中发生作用和变化。

你做的事情越多，场能就越大；支持你的人越多，场量就越密集；你为别人做的事越多，自己的场效就越强；在帮助别人和别人帮助你的过程中，最终成就的那个人是你。

让工作随时“兑现”

拖延是职场通病，柜员岗位也常常出现拖延的情况。有的柜员常常被事情逼到眼皮底下才去做，这样即使工作了效果一般也不是很好。

主动工作和被动工作就像人生的岔路，走得越远相差的距离就会越远，因而人们在看不出差别时常会选择被动，但等到发现差距时已经无可挽回。

被动工作的直接表现就是拖延，事情不拖到非办不可的情况下很难主动去做，即使做了也常常满心的不情愿，这种工作方式是客户、领导和同事难以容忍的。有的柜员轻易做出承诺，却迟迟不能“兑现”自己的承诺，不到有人催办的时候就会不知不觉地拖延下去，长此以往，更不会有人信任，也失去威信了。

让工作责任随时“兑现”，不仅是岗位职责的要求，也是自己人生发展的需要，随时“兑现”既是对岗位工作负责的表现，也是对自己人生负责的表现。

柜员的岗位工作完全是即时性的，稍一懈怠和拖延，此时此地的环境和条件就会发生变化，客户就会有反应，因而拖延工作和即时“兑现”工作的效果会完全不同。

在柜员岗位上，拖延并不会给自己带来什么利益，一旦客户、领导和同事感受到你的拖延，不仅影响了自己的工作，也会使银行的信用受损，这样的柜员更不会在事业上有什么大的发展。

拖延一般来自于自己的工作观念，当你不情愿做的时候必然导致拖延。因此，随时“兑现”自己的工作，要从正确看待自己的岗位工作开始。拖延的另一个原因是习惯使然，要改变这种工作习惯，就必须加强个人的职业化训练。把随时“兑现”变为自己的基本行为模式，在工作中执行这种既定的行为模式，做到不拖延客户、领导、同事及自己的工作。

面对客户不拖延，才能更有效率地为客户提供优质服务，让客户感受到这家银行的快捷和方便，培养和发展忠诚客户；对领导交办的事情不拖延，才能更好地完成工作任务，更有能力承担重要责任，领导才可能把更重要的事情委托给你，从而为个人发展铺平道路；对同事的托付不拖延，才能取得更多人的信任，才会有更多的人把你当成事业的伙伴，与你携手并肩走向未来；对自己的事情不拖延，才能把想和做有效融为一体，按时完成自己的职业目标，形成自己的职业发展阶梯，让自己的每一步都走得更顺利。

让自己的工作随时“兑现”，既是现实的要求，也是理想的要求。一旦各项工作都可以随时“兑现”，这样的柜员就具备了实现工作理想的能力，也具备了未来发展的潜力。

优秀的柜员都能够及时“兑现”岗位的各项承诺，并努力追求更好。

让日记书写自己的历史

小肖只从事了两年的柜员工作，但各项工作不仅比同来的员工做得好，甚至比一些老员工的业务还要熟练，服务还要到位。

从表面上看，小肖每天也没有比别人多做什么，一样的作息时间，相似的工作内容，统一的岗位职责和要求，同事都问她为什么会有这样的进步。小肖的回答是，她在用业绩充实自己的日记。

原来小肖从小养成了写日记的习惯，当时只是妈妈教给她的一个学习内容而已，却为她日后的工作找到了一个工具。

上大学时，她开始用日记规划自己的学业和人生，记录自己的成长过程，并确立了通过日记来书写自己的历史的观念。大学时代，小肖的学习成绩很好，在大学里入了党，是学校的优秀学生干部，省级优秀大学生，她说都是日记帮助自己一步步实现了每个目标。

在学校里，小肖无论学业还是社会活动都为自己设定一个目标，然后写在日记里，每天记录为实现这一目标做了些什么，如果哪天没做什么，她就感到没法写这篇日记，心里会非常愧疚。

大学毕业后，她翻看自己在大学四年时间里所写的日记，看到了自己在一点点地改变，她认为自己大学时代的成绩要归功于日记的帮助。

毕业后，小肖如愿进入银行工作，又接着大学的生活开始写日记，记录了自己工作中的点点滴滴。走上柜员岗位后，她每天的工作内容都很相似，但她认为日记不能记流水账，所以就每天给自己定目标，然后如实记录目标的实现情况，并及时总结经验教训。

在学习业务知识时，她把教材按章节分配到每一天，按时保质地完成当天的学习任务，这样一来，她不仅学习的速度快，质量也很高。

在练习点钞的时候，小肖计划用三个月的时间完成张数、准确率、假币鉴别等几个指标。她要求自己每天必须完成一个项目的训练，虽然每天只是提高一点点，但小肖的成绩比那些同来的同事高出很多。

对于岗位的日常工作，小肖也一样用日记记录着自己的最新成果，她要求自己每天都要在日记中记下一些业务知识和技能。两年的时间过去了，小肖已经成为该银行柜员岗位的业务骨干。

惰性是职场的顽疾，这种病很难治愈并且愈后复发率高，几乎没有什么良药可用，唯独有效的治疗方法就是对自己狠一点。

小肖通过写日记的方式来逼自己，而且让自己没有退路，不能懈怠，应该说这一招对她来说够狠，相应的效果也很明显。

在柜员岗位上，每位柜员都做着相似的工作，不对自己狠一点，不让自己的工作随时“兑现”就很难把工作做得出色，更难实现自己的职业目标。

小肖深深懂得这一点，她知道自己没有比别人多更多的优势，让自己优秀起来的办法只能是比别人付出得多，做得好，因此只能给自己加压。但她并没有急于求成，而是从一点一滴开始积累，让自己的工作随时“兑现”，并不断刷新着自己的岗位记录。

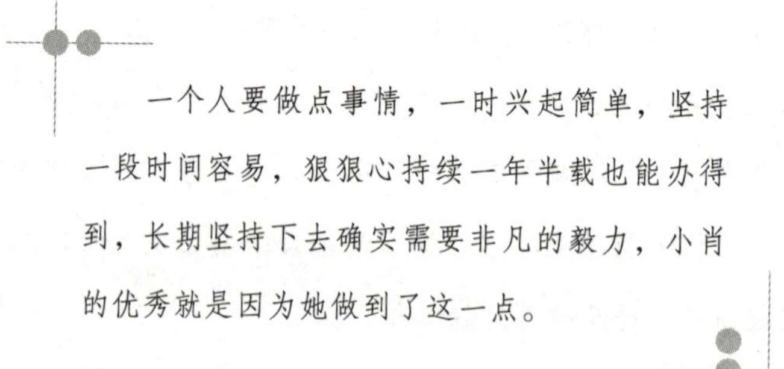
一个人要做点事情，一时兴起简单，坚持一段时间容易，狠狠心持续一年半载也能办得到，长期坚持下去确实需要非凡的毅力，小肖的优秀就是因为她做到了这一点。

越是简单的事情越难出新，柜员的工作并不复杂，这就需要找到相应的突破点，小肖就通过写日记的方式对自己的工作进行分析总结，结果找到了通往成功的可行之路。

小肖的经验告诉我们，让自己的工作“兑现”是可以做到的，但前提是必须找到适合自己的方法，然后坚持下去，这样自己选定的目标就会一点一点变为现实。

不做岗位“贴现”

同样是从事柜员工作，但每位柜员的想法却是不同的。有的柜员想在这个岗位得到什么，有的柜员想在这个岗位上付出什么；有的柜员想自己能挣多少钱，有的柜员想自己未来会有怎样的发展。

一个人关注的问题不同，行为也会不同，最后的结果也一定不同。那些过分关注个人利益的人，只为收入而工作，面对工作斤斤计较，最终的收入也不会多，个人的职业发展也不会太好。反而是那些想着为工作付出努力，把岗位看作自己附着理想、助己成长的人，一般最后发展得都很不错，获得了物质和精神的双丰收。

柜员岗位中存在着普遍的“贴现”行为，有些柜员总想少付出多获得，甚至只付出一点点，就想支取未来的丰厚报酬，而且稍不如意就会牢骚满腹。有些柜员觉得自己的岗位发展空间有限，再努力也不会有好的发展，因而常常放弃本应做出的努力，这不仅影响个人的成长，也影响自身长远的发展。

有工作自然会有收入，付出的多自然回报也多，其实，柜员不应该把物质收入看得太重，自身能力提升了自然会收获更多物质。有些柜员过于看重同事得到了什么好处，而没有注意到人家付出了什么，只着眼于眼前的利益而忘记了自己的初衷和远大理想。

很多人希望拥有体面的工作和美好的生活，这种想法本身没有错，但眼光过于短浅就会酿成一叶障目之害。从道理上说，有多少付出就会有多少收获，但是职场不是市场，不应急于“贴现”，要从长远的角度来看，整体思考问题，如果总想着马上“贴现”，岗位付出与岗位收益之间便成为一道人生的数学难题。

人生就像一场马拉松，职场生活就是人生长跑中的一个阶段，只看眼前的快慢并不能决定终点的胜负，那些收入高的柜员并不一定就资历老，可能是因为他们付出了更多的努力。

越想抓紧时间“贴现”的人，其实，手中的“支票”越不值钱，手中的“存量”也一定不多，而且急于“贴现”也表明了这种人对未来的工作缺少信心。我们在做培训时，常常劝导柜员工作者不要急于做岗位“贴现”，不是告诉大家个人的利益不重要，而是要大家放开眼界，未来的事业和利益比现在的收益更有价值。

优秀的柜员不会急于做岗位“贴现”，而是看得更远，做得更好，全力为未来的发展做踏实有效的准备。

个人爱好也能帮助工作

小魏从小喜欢文学，大学读的也是中文专业。他平时喜欢写些东西，在大学里已经发表过一些作品，进入银行工作后，他仍然保持着自己的这个爱好。

从事柜员工作后，因为柜台服务与文学创作差别较大，小魏开始还很难适应。但他认为自己可以在做好柜员岗位工作之外，寻找岗位工作与个人爱好的结合点，如果运用得好，会为自己的发展带来相应的推动力。

想清楚后，小魏便仔细摸索岗位工作与个人爱好的结合方式，开始把岗位工作中的感悟和总结用文字的形式表达出来，并逐渐把这种做法固定为一种工作方式。

他非常注意收集工作中遇到的问题并总结岗位工作中的感悟，然后写成一篇一篇的小文章。在第一年的工作中，他写了三十多篇工作总结；在第二年的工作中，他写了五十多篇，而且越写内容越丰富，篇幅越长。

每个银行网点都有上报信息的任务，小魏主动承担了这一额外的工作任务，而且报告的质量越来越好，他所在单位多次受到上级领导的表扬。

通过写文章，小魏提高了自己的岗位工作水平，很多在别人看来十分平常的事情，经他一总结，不仅实用而且更加理论化。小魏的行为不仅受到同事的认可，而且受到领导的重视和表彰。

在三年多的时间里，小魏写了一百多篇与柜员岗位相关的文章，后来他把这些文章整理充实后编辑成册，由上级单位印发全行作为柜员培训的核心教材。不久之后，市分行在全行选秘书，支行领导推荐了小魏。在入行的第四年便成为市分行的秘书，小魏不仅找到了更好发挥自己作用的舞台，而且为他日后发展铺平了道路。

很多人到了新岗位都想表现一下，想快点做出成绩，快点被同事和领导认可，应该说这种想法没什么不好，但是急于表现自己往往适得其反。小魏这种稳扎稳打的做法就值得借鉴。

在工作中，每位柜员都应该像小魏一样，先认清自己所在的岗位，然后找到岗位工作与个人爱好的平衡点，再把二者很好地结合在一起，这样才会更有利于今后的工作。小魏没有急于表现自己，却找到了很好表现自己的方法和途径，这不仅有利于他发挥自己的优势，也有效地展示了自己的实力。

通过岗位工作来表现自己是可以的，但是更需要沉下心来做事情，通过做成事情、做好事情来证明和表现自己，从而得到各方的认可。

初入银行的柜员需要一个适应过程，此时的表现就是踏实工作并逐步适应现有的工作环境和文化环境，急于表现比不表现效果更差。熟悉环境之后，需要柜员着眼于掌握岗位业务知识、技术并提高自身独立工作的能力，为未来的发展打好基础。

小魏的做法正好符合这一职业生涯的发展规律，尽管他无意贪名，但由于同事的认可和领导的推荐让他更有名，而且因名得益。

第六章

把未来放进今天的努力中

在对银行柜员的培训中，我们经常问大家“从事柜员工作对你的人生来说意味着什么”。很多柜员从没认真思考过这个问题，多数人只把它看作一份工作或是获得生活来源的一种方式。这样的回答对漫长的柜员生涯来说可能是一种遗憾，柜员的这种心态也将阻碍个人能力的提高和职业生涯的发展。

每个在职场中的人都会有其独特的责任感和使命，银行工作者当然也不例外。柜员的使命除了为大家提供便捷的金融服务之外，还要让自己的工作和生活变得更有价值和意义。人们常常会憧憬自己美好的未来，但美好的未来不单是赚取更多的物质，更重要的是为实现美好未来而付出努力和辛劳。

可能你会说一个人的未来很遥远，甚至难以确切地说未来在哪，但可以肯定的是未来一定在今天的努力中。只有在今天努力付出，才能在未来有所收获，当你为自己的成就而自豪时，一定不要忘记美好的未来源于你曾经的努力。

每个人都有自己的梦想，并豪情满怀地去为美好的未来奋斗，但并不是所有人都能如愿以偿，究其原因主要是由于他们的努力没有持续下去。有时确实累了，就想休息一下；有时慢慢懈怠了，就开始走下坡路；有时怀疑自己曾经的梦想，就开始犹豫不前。而那些为自己的梦想坚持不懈的人却没有因艰难和困苦放慢脚步，因此，这些人往往能获得成功。

理想与现实会有矛盾，但是理想一定是由一个个现实的努力拼接起来的。柜员的岗位容不得好高骛远的人，它需要日复一日的努力。今天的任何一点努力都是为未来打基础，今天的每一份付出都是在为自我提升做准备，今天的每一份坚持都是积累走向未来的资本，今天的积累越多，未来才会越成功。

如果一个人的动力严重不足，能力严重不足，发展潜力严重不足，就不要奢谈理想和未来，因为未来要靠实力说话。把未来放进今天的努力之中，让职业生涯的每一天都变得扎扎实实，就能看到未来的希望，未来才能一步步走近你。

提高岗位“市值”

随着市场化水平的提高，市场评判机制日趋成熟，“市值”成为人们竞相追逐的市场目标之一。对于银行来说，柜员也只有不断提高自己的“市值”，才会在职业发展中更有优势和价值。

通过培训众多的银行柜员，我们总结出柜员提高岗位“市值”最有效的方法是提高个人素质和岗位工作的能力。

随着生活节奏的日益加快，各行各业都在升级，而且升级的速度越来越快，跟不上升级步伐就有可能被淘汰。柜员是银行中流动性比较大的岗位，来一批新员工就会有一批老员工退出或转到其他岗位。因此，柜员在岗位上能否快速提升将直接影响自身的未来发展。

有的人不喜欢柜员工作，却又迟迟不离开，这种人是比柜员差的工作不愿做，比柜员好的工作又做不了。这种状态让他们自己也很纠结。但他们却没有想过，提升自己的素质和岗位工作能力并获得更高的岗位“市值”可以扭转这一局面。

现代柜员的工作性质已经发生了很大的变化，管理层不再把柜员看作简单的劳动岗位。各家银行都建立了柜员培养体系，柜员队伍的普遍受教育程度也有了很大提高，本科毕业后从事柜员工作已不再是个例，而是一种普遍现象。各家银行对柜员岗位如此重视，其实是因为银行各个岗位的竞争都是从柜员岗位开始的，没有在柜员岗位打下坚实基础的人也很难在未来有更好的职业发展前景。

无论你有什么学历背景，在柜员岗位上都会显示出自己的不足，如果不能及时升级，工作一段时间后，自身不足就会暴露出来。这样不仅影响管理者对自己的评价，也影响自身作用的发挥和个人职业生涯的发展。

柜员提高自己的岗位“市值”，实际上就是对自身的不足进行及时弥补，对缺陷进行修复和更正，从而提高自己的能力，以满足更高层次的需求。

刚刚走上岗位工作，很多柜员由于受学历背景、生活背景、社会背景的影响，能够发挥的作用比较单一。这时的他们对未来也常常是迷茫的，提高岗位“市值”会推动他们的职业不断升级，让职业蓝图逐渐清晰，最终找到适合自己的方向、目标和发展路径。

随着时间的推移，柜员的岗位“市值”会不断提高，自身的职业成熟度也会随着资历的增加而逐渐提高。这样的柜员才能更好地承担起岗位赋予的职责并实现自己的职业理想。

在银行工作中，柜员的岗位工作也有很多级别，如果柜员不能实现自身素质、技术、能力、心态等方面的升级，将难以进入相应的等级，甚至从此无法继续从事柜员工作。因此，柜员提高自己的岗位“市值”，不仅是为了提高眼前的工作能力，更是为长远发展打基础。

要成为最好的柜员，要成为最优秀的银行员工，要成为最好的未来银行管理者，不断提高自己的岗位“市值”是一条最现实的路。

做好爬台阶的准备

刚刚通过柜员岗位适应期，小张就为自己制定了一个个职业发展目标，他说自己这是在做爬台阶的准备。

首先，小张了解了银行对柜员的资源配置情况；其次，掌握了柜员要具备的职业素养和操作技能。最后，他根据岗位设置为自己设定了成长台阶，规划了自己在岗位成长和素质提升方面的基本路径。

小张给自己设定的第一个台阶是岗位准入标准，要求自己在规定的时间内达到上岗的条件和能力。按照规定的要求，小张开始苦练基本功，如期达到了岗位准入标准，独立上岗操作，这也为他以后的发展开了个好头。

小张给自己设定的第二个台阶是成为银行柜员业务水平的前三名。为了实现这一目标，小张在单指单张点钞、机器点钞、微机中文录入、计算机传票算，珠算翻打百张传票等五个项目上做了详细的计划，并每周把自己的技术水平与设定的目标相比较。在不到一年的时间里，小张的技术能力就已经成为该银行营业网点的标杆。

完成了前两个目标后，小张在服务水平上又给自己设定了三步走计划：第一步是掌握基本的服务规则，确保服务中不出纰漏；第二步是掌握相应的服务技巧，提高自身服务水平；第三步是总结并形成自己的服务个性，打造岗位服务品牌。通过近三年的努力，小张基本实现了这个计划并得到了上级领导的赞赏。

在业务水平达到一定程度之后，小张开始考虑如何提高自己的业务处理速度。于是，他在增加日均业务量上给自己设定了三步走目标：第一步是保证业务处理质量，逐步提高处理速度；第二步是掌握岗位工作技巧，将业务处理速度提高到中等水平；第三步是每日平均业务处理量要高出全行平均水平，成为岗位业务能手。最终，小张实现这一目标用了两年的时间，这也让同事和领导对他刮目相看。

当小张柜员岗位的基本素质、岗位技能、综合能力都达到预定目标的时候，他开始学习更多的新业务，正在这时，上级单位组织业务主管职位竞聘，他如愿走上了业务主管的岗位。这个岗位平台为小张提供了新的学习机会，也给他的职业生涯发展铺设了新的台阶。

小张做了一年业务主管后，又申请做理财经理。领导认为他好不容易竞聘到主管岗位，不能轻易放弃，但他却对领导说："学习的机会比职位更重要。"

做了两年的理财经理后，由于小张业绩比较突出，又竞聘成为市场业务部经理。在市场开发的岗位上，小张以前所学到的东西都派上了用场。由于他对银行的整体流程非常熟悉，而且具有丰富的实际操作经验，客户服务得心应手。

后来，小张成为该银行主管市场业务的副行长，这也为他提供了更大的发展空间和发挥作用的舞台。

像小张这样有充分准备、明确目标、具体计划的人并不多，这也正是小张个人职业生涯发展比较稳妥的一个重要原因。

很多人没有看到柜员岗位对自己日后发展的重要性，面对岗位工作常常应付了事，回顾自己的职业发展又常怨天尤人。特别是看到其他柜员比自己发展好时，心里更是不平衡，可这种人却没有深刻反思自己面对岗位工作时的状态，以及自己在工作中所承担的责任。

任何目标都不可能凭空实现，良好的愿望没有实际的行动只能是个愿望而已，不能提高自己的岗位“市值”，即使有台阶可爬也将随时遇到困难。

小张把柜员岗位的每一项工作都当作不可多得的机会来对待，并且尽自己所能努力做到最好，逐渐形成了自己的职业加速度，坚持下去就会有所成就。

有的人并没想如何提高自己的工作能力，而是盯住自己喜欢的岗位，或者只是看别人的岗位眼红，却不珍惜自己现有的岗位。这样的人没有及时在岗位上做相应的积累，结果也必然不会太好。

现在的银行都为员工的发展设计了许多通道，而且在这些通道上设置了相应的台阶。银行管理者也希望员工按照已经设计好的通道和台阶努力下去，但是有能力、有毅力走下去的人并不多。如果大家都像小张这样，不断提高自己的“市值”，让自己的素质和能力与组织的模板相适应，个人的发展正好符合组织发展的需要，实现职业理想也是情理之中的事情。

积累岗位的职业“资本”

一般来说，柜员是银行员工职业生涯的起点，如果想在银行里有所发展就要从柜员这一岗位努力干起，为自己的职业发展打下坚实的基础。如果把在银行工作的职业生涯作为人生来对待的话，柜员就处于职业生涯的原始积累阶段，没有这段良好的积累，人生将会有很多缺憾。

银行是一个知识密集型企业，而且职业通胀率非常高，缺少岗位“资本”的积累就将失去职业生涯发展的必备条件。谁的职业“资本”积累速度越快，越雄厚，谁的发展空间就会越大，发展速度就会越快，发展的持续性就会越好。银行更是一个在意价值的企业，每个人对自己的工作有不同的认知，其工作中产生的价值也就不同，自己所获得的成绩也就有所不同。

对柜员来说，职业“资本”最需要智能、技能、体能做保证，不断增加知识、提高技能、保持健康、丰富经验也是为了积累自己的职业“资本”，从而增加发展的可能性。在柜员岗位上积累的职业“资本”，有的是现在可以表现出来的，有的是为后续的表现做准备的，而且为后续发展积累的“资本”越雄厚，未来的发展会越好。

职业“资本”的积累是通过银行事业的发展来实现的，在银行岗位中，柜员岗位的技术性比较强，能够积累的“资本”往往也比较单一，这就需要柜员自己去寻找岗位工作内外的机会，然后再从以下几个方面不断完善自己的积累。

一是知识的积累。尽管柜员岗位并不需要那么多经济金融知识，但是只要你想在柜员岗位上有所进步，就必须利用好柜员岗位的工作机会，尽可能多地积累相关知识，并努力将知识转化为能力，为形成未来的职业创造力做准备。

二是努力提高岗位工作能力。其中包括本职工作的业务性能力、与岗位相关的商务性能力、岗位工作统筹的事务性能力。柜员应主动经受严格的岗位训练，尽量缩短由知识转化为能力的时间。

三是将能力转化为经验。其中包括岗位工作过程的接受性经验、解决难题过程中的磨难性经验、观察他人所形成的见习性经验，让岗位工作能力在工作经验中消化，让普通的职业能力具备个性化经验，显示出自己的岗位工作与他人的区别，创造出不同的工作业绩。

四是积累岗位创造力。柜员要让自己的岗位工作充满创造性，包括岗位积累的经验性创造力、面对工作难题的反省性创造力、分析思考的顿悟性创造力，并通过岗位创造力的升华，创造新的工作业绩，为未来积累更多的工作经验。

此外，柜员还应该在岗位上积累健康资本、物质资本、精神资本、名誉资本、关系资本等，这些“资本”一旦形成，将不需要他人的赋权即可取得职业“升仓”的门票。

优秀的柜员总能抓住一切可能的机会来积累自己的职业“资本”，并通过职业“资本”来推动个人职业生涯的发展。

潘星兰的英雄路

潘星兰曾是湖北省枝江市桂花信用分社的员工，因为勇斗歹徒，用自己的生命保护了国家财产，被誉为新时代的“刘胡兰”。

1989 年 12 月 25 日凌晨，一阵响动惊醒了正在信用分社值班的潘星兰和杨大兰。潘星兰刚一拉开值班室的门，两个蒙面人就冲了进来，面对凶狠的歹徒，经过殊死搏斗，最终，她们倒在了血泊之中。

潘星兰身受 20 多处刀伤，其中有 7 处是致命伤，一只耳朵被歹徒割掉，经医务人员的奋力抢救，潘星兰脱险，杨大兰却永远离开了我们。

潘星兰先后被授予“英雄青年”“全国金融卫士”等 30 多项荣誉称号，曾受到党和国家领导人的接见，新华社、中央电视台等国内各大媒体纷纷报道。潘星兰和杨大兰的故事还被选入《小学思想品德》课本，全国掀起了学习“两兰”的热潮。

有报道说，潘星兰的英雄壮举不是偶然的，她的父亲潘大富在女儿进信用社后对她说："在银行上班，要人在钱在。人在钱不在，是狗熊；人不在钱在，是英雄。"

经过7次大手术、4次耳部整形手术的潘星兰返回了工作岗位，第二年，她考上了农行武汉管理干部学院。

潘星兰回到工作岗位后经常被安排到各地做报告，白天除了处理日常工作之外，还要接待很多慕名前来的群众，只有在晚上才有时间复习知识。对于她这样的情况，本可以享受20分的加分政策，但她并没有接受，而是以高出录取分数线16分的成绩证明了自己的实力。

在农行武汉干部管理学院毕业后，潘星兰并没有满足于现有的成绩，继续攻读武汉大学公共行政管理专业，最终，实现了自己的大学梦。

毕业后，潘星兰被分配到农行湖北省分行营业部，先后从事了会计、出纳、科长等工作。后来，由于丈夫工作的原因，她被调入了农行北京分行。起初，有人认为她是靠着"英雄事迹"才有了现在的工作。潘星兰对于这种说法并没有解释什么，而是一如既往地努力工作。

由于工作出色，她成为个人业务处的处长助理，后来，又被组织调到机关党委办公室任职。2003年，组织希望年轻干部多下基层锻炼，潘星兰主动报名到农行海东支行挂职，她出色的工作能力，得到了客户和同事的高度赞誉。

潘星兰常常告诉自己：不要沉醉在过去的荣耀中，英雄是一时之名，要成为人们心中永不褪色的英雄，必须每一天都做好平凡的工作。

从业几十年来，潘星兰没有选择在"英雄"的光环下生活，而是在平凡的岗位上踏踏实实工作，向世人展示了自己在经历光环后依然能够实现自我超越。

潘星兰曾经是一名普通柜员，但20多年前的英雄壮举让她成为人们关注的焦点。其实，这个光环是一把双刃剑，人们在崇敬她的同时，对她做出的成绩也有所怀疑。面对质疑，潘星兰始终努力工作，凭借个人实力实现了自己的大学梦，后来通过出色的工作赢得了领导和同事的认可。

其实，潘星兰踏实工作、努力学习就是她积累“资本”的过程，她没有在“英雄”光环的笼罩下故步自封，而是凭借自己的努力一步步实现了自身的职业理想。潘星兰是聪明的，她知道荣誉属于过去，沉醉在过去的荣耀中早晚会被遗忘和淘汰，一直以平常心积累着自己的职业“资本”。

岗位的职业“资本”包括岗位知识、工作能力及从业经验，而这些“资本”在岗位工作运用的循环中逐渐升值，从而更有效地发挥着岗位“资本”的作用。

面对荣誉，潘星兰没有迷失自己，她知道自己应该怎样奋斗，甚至按照规定给她的相应照顾都被她拒绝了，这也是她能获得事业发展的重要原因。当然，潘星兰能够有当初的英雄壮举和今天脚踏实地的工作作风，与其深厚的思想基础和家教背景有着很大关系。

她承担着英雄的光环，也承担着许多负担和无奈，特别是别人的不解和猜疑。她不去多想，更不去解释，而是用成绩和工作证明自己。在英雄壮举之后，她仍然踏踏实实工作，并不断学习提升自己的能力。随着思想境界的提高和阅历的增加，她想问题做事情与过去有了很大的不同，也在不知不觉中积累着岗位工作的“资本”。

潘星兰能有后来的成绩，与当初的英雄壮举有关，更与日后不断积累着自己的职业“资本”，增加职业“资本”的含金量和价值有关。

提高自己的"变现"能力

柜员岗位的工作内容比较相似，所以可以发挥的空间也不大，怎样在这一岗位上表现出自己的能力，拿出超越别人的业绩确实是每位柜员需要认真思考的问题。

如果把自己看作一笔资产，那么，柜员就要在提高自己的"变现"能力上做文章，"变现"能力越强，越可能成为银行需要的优良资产，越有使用和运营的价值。

在柜员岗位上，每个人的基本技术水平和业务能力大体相当，怎样运用这些技术和能力来创造工作业绩却存在着很大差别。所谓"变现"能力就是想办法把自己已经具备的岗位工作技能转化为工作业绩，实现自身的职业理想并能够得到别人的认可。

如果柜员确实具备了相应的岗位技术和工作能力，但在岗位工作中却没有体现出来，长此以往就可能断送了职业前途。因此，柜员不仅要具备岗位技术和工作能力，还要懂得如何提高自己的"变现"能力。

虽然柜员的岗位工作比较单一，但是面对的客户却非常复杂，随时会遇到新情况、新问题，有时基本技能和过去的经验也无能为力，这时柜员的"变现"能力就集中体现在处理突发事件上面，柜员的"变现"能力越强越能更好地处理工作中的新情况和新问题。

其实柜员岗位的日常工作，每个人都相似，彼此的不同也只有在处理特殊事情时才能显现出来。这时如果柜员表现出优于其他同事的能力就是其岗位"变现"的能力，而这种"变现"能力需要柜员在岗位工作中长期的历练和总结。

虽然柜员岗位所需要的技术和能力不是特别复杂，但也需要精熟的技能做支撑才能体现出高超的服务水平，因而“变现”能力与每位柜员的岗位技能精熟度也有关系。

我们常常看到，刚刚上岗的柜员在与客户发生矛盾之后就会乱了方寸，不知如何处理，原本还算不错的技能也因心慌手抖而难以发挥。这便是岗位技能精熟度低所致，因而降低了自己岗位的“变现”能力。

而老员工面对复杂问题和难缠的客户，所表现出来的自信却能够让自己沉着镇定、应对自如。这也是因为岗位技能精熟度高，从而使老员工的岗位“变现”能力得以正常发挥。

在柜员岗位上，多积累岗位工作的经验会对提高岗位“变现”能力有所帮助。柜员要想多积累工作经验，就要在岗位工作中主动承担任务，乐于尝试新的工作业务。柜员承担的工作越多，越能得到锻炼的机会，这也正是表现自己的机会。在完成工作任务的过程中，柜员不仅增加了个人实力，也得到了更多人的认可，从而为自己的职业发展铺平道路。

提高岗位的“变现”能力，还需要柜员不断给自己提出更高的工作要求和发展目标，并让小目标积累成大目标，推动自己创造更大的工作业绩。

优秀的柜员都会对自己提出更高的目标，在实现目标的过程中不断提高自己的“变现”能力。

日均业务量标杆

小孙在柜员岗位实习的时候，她的师父创造了全行日均业务量第一的好成绩，并被市分行树立为业务标杆。

小孙上岗后也要像师父一样，她也把日均业务量第一作为自己的目标，想成为全行柜台业务的新标杆。

日均业务量表面看是一个单纯的业务指标，其实背后包含着技术、能力、服务水平、差错率等各项内容，要保持较高的日均业务量一定要以优秀的综合素质做支撑。

小孙为了达到日均业务量的标杆水平，经过长时间的准备，按照实现业务量标杆水平所要求的基本素质和能力进行有目的的训练。

她先是将对业务量有影响的因素进行了分析，并对这些因素进行分类排队，然后制定相应的提升标准，根据这些标准制定训练和提升计划以及达标时间。

她还对岗位工作的情境进行了梳理，找到每项业务过程的关键节点，让训练步骤和方法更加具体化和指标化，然后利用业余时间进行情景模拟，把模拟训练的操作技术随时应用到岗位工作中。

在技术训练上，她不是简单地跟着考核和竞赛要求走，而是跟着岗位工作需要走。岗位工作实际需要怎样，她就怎样训练，并按照业务流程进行全程训练。

为了提高工作速度和效率，她摸索出了一套柜台操作服务流程，她对坐姿、手臂活动空间、物品摆放、工作次序、语言、眼神等都进行了符合自己特点的设计。仅在服务用语方面，就在单位印发的用语表基础上进行了反复的实践和琢磨，让服务用语的表达更符合自己的特点，更简洁、准确，便于客户接受。

日均业务量提高的核心是办理速度，而且影响速度的因素有很多，特别是流程中各节点相互连续是否紧密对业务办理速度影响很大。小孙对这些因素都进行了深入的研究，并反复试验，不仅提高了服务速度，也保证了服务质量。

同时，她还注意与客户的沟通，避免与客户发生矛盾，防止因客户纠缠导致业务中断和拖延业务办理时间。

在第二个财务年度考核中，小孙的日均业务量在全行排名第一，实现了她成为日均业务量标杆的目标。她还被评为市分行年度先进个人，并成为她这批入行大学生中第一个转为无固定期限合同制的员工。

在柜员岗位上，如果能像小孙那样将自己的能力“变现”，那么，获得领导、客户、同事的认可是必然的，自己在工作中的作用和价值也会自然表现出来。如果柜员只满足于完成日常工作，就很可能因枯燥的工作而产生怨气，这样既不利于自身的发展也会影响银行的工作氛围。

小孙的聪明之处在于她选择了一个有统帅性质的目标来激励自己，并对这一目标进行了细致的分析。如果小孙不做任何规划和设计，一切顺其自然，也没有采用适宜的自我激励方式，结果很可能不是她想象的那样。

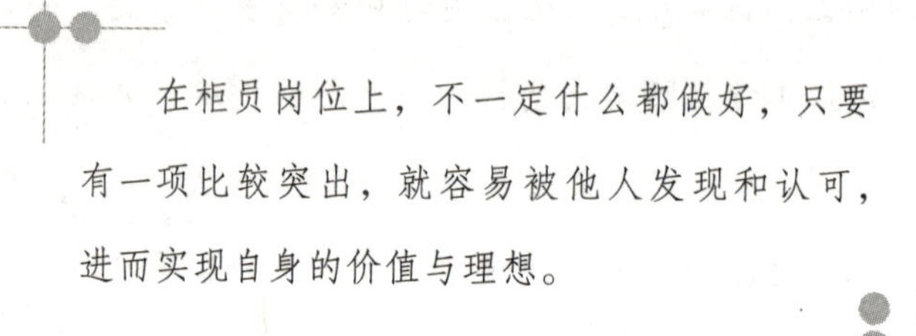

在柜员岗位上，不一定什么都做好，只要有一项比较突出，就容易被他人发现和认可，进而实现自身的价值与理想。

如果她全面出击，不仅难以在各方面都取得好成绩，甚至也难以在某一方面取得突破，她最终会对自己的努力产生怀疑。当然，小孙为了这一主要目标，在很多方面都付出了自己的努力，而且在努力的过程中协调各因素的配比，从而在总体上保证了主要目标的完成。

面向未来自觉"加载"

在培训银行职员的过程中，我们发现，多数人想通过岗位奋斗实现自己的职业理想，达成自己的职业发展目标；有些员工不愿意做柜员，主要是认为柜员的从业范围比较窄，不利于自己的职业生涯发展。

其实，后者的想法存在一定的误区，柜员是一个银行员工职业生涯发展的起点，也是职业历练的必经之路，更是展示自己素质和能力的平台，不从这里起步，日后的发展将很容易产生瓶颈。

在多年的银行培训中，我们认为柜员的职业生涯发展有多个方向和选项。如果你想走学术路线，缺少柜员的经历便会使学术理论缺少实践经验的支撑，你还需要回头补课；如果你想走管理的路线，柜员就更是第一级阶梯，没干过柜员的领导很难真心体会到实际工作的各种问题，也很难与基层员工沟通交流。

在柜员的岗位上起步，可以对未来发展有不同的选择，发展的选择空间会更大，而且无论向哪个方向发展，道路都会平顺些。如果能够从柜员岗位上做深入的研究和开掘，这也是一个取之不尽，用之不竭的原矿，可以加工出许多精美的产品。

无论是水平上的职业拓展，还是竖直上的职业挖掘，都需要柜员对自己的岗位工作自觉"加载"，以提高自身的实力，加快实现自己的职业发展目标。但柜员要注意的是，"加载"是一个渐进的过程，在岗位中要一点一点地提高自己的技能和能力，让自己的岗位工作内容更丰富，切忌急于求成。而且，不管进行什么形式、什么内容的"加载"，柜员都必须真实面对自己的未来，不应该只盯着眼下的岗位工作，而应该把现实岗位融入未来的职业发展中。

柜员要为自己的工作“加载”，首先是职业压力的“加载”，让自己通过岗位工作的逐渐“加载”来提高职业承受力，为未来承担更重要的工作责任做准备。其次，柜员要为自己的工作责任“加载”，用高标准要求自己并考虑如何在本职工作之外提高自身能力，改变“尾箱入库便万事大吉”的工作状态，自觉为自己的岗位增加工作量。

从目前银行柜员的状况分析，从事一辈子柜员岗位工作的可能性很小，所以柜员要在日常工作中主动“加载”未来发展的内容，以便在离开柜员岗位时有更好的发展，至少可以适应未来的工作。

同时，柜员还要进行岗位目标和未来发展目标的“加载”，因为伟大的目标都是由一个个小目标组成的。柜员对每个目标的“加载”都是为实现未来伟大的目标做准备。

柜员还需要为自己的发展动力“加载”，让自己看得更远，克服岗位工作中的惰性，始终让自己朝着未来伟大的目标努力，完成好柜员岗位上职业生涯发展的任务。

我要飞得更高

小穆特别喜欢《飞得更高》这首歌，他经常哼唱着“我要的一种生命更灿烂，我要的一片天空更蔚蓝，我知道我要的那种幸福，就在那片更高的天空，我要飞得更高……”。同事们都知道，他是在用歌词表达自己的理想。

可是现实与理想总是有些差距，他发现在柜员岗位并不能马上实现自己的理想。由于对柜员工作不感兴趣，这一年的时间里，他除了应付日常工作以外，并没取得更多的进步，心情也不好，工作也心不在焉。于是，一年后他离开了柜员岗位。

小穆被调到支行公司业务部做见习客户经理，由于他在柜员岗位上并没有很好地学习业务知识和技能，一面对客户才发现自己什么也不懂，工作中屡次碰钉子。

一次次打击让小穆冷静下来，他开始认真思考自己理想的实现方式，发现好高骛远解决不了现实问题，必须先踏踏实实做好自己手上的工作。

经过对自己未来发展路径的分析，他觉得回到柜员岗位才是自己职业发展的基础。于是，多次向领导申请回到柜员岗位历练自己并检讨了自己好高骛远的毛病，最终获得了领导的批准。

这一次重新回到柜员岗位，小穆的工作态度与之前完全不同，他想在柜员岗位上打牢自己发展的基础，为未来发展积累相应的资本和能力。先是在岗位技能上给自己一点一点加压，设定一个个提高技能水平的小目标，然后刻苦训练，一步一步向前走，经过一年多的努力，他的技能达到了行内前几名的水平。

在苦练岗位业务技能的同时，他悄悄把努力的目标定在业务主管上。他按照岗位职责分析主管岗位需要哪些素质和技能，再与自己现在的素质和能力相比较，找到自己的优势和不足，然后努力发挥自己的优势，尽量弥补自己的不足。在两年后的业务主管岗位竞聘中，他如愿成为柜面业务主管。

有了这些岗位发展经验后，他真正明白了自己到底应该怎样去努力，应该怎样去求得发展，从而使自己的职业发展路径更清晰，而且每一步都走得比较坚实。经过几年的努力，小穆不仅在技能水平上有了极大的提高，个人职务有了提升，承担了更多的责任，而且岗位成就感、愉悦感也在提高，工作更有劲头。

现在，小穆又把目标定在了营业部总经理岗位上，并且制定了详细的职业生涯发展规划，我们相信他一定能如愿，因为日积月累的工作经验会给他提供强有力的支持。

在上面的案例中，小穆的个人发展并不是一帆风顺的，开始的挫折来自于理想与行动的矛盾，来自于发展目标与过程路径的矛盾。但小穆没有让这种劣势持续下去，而是及时总结自己的不足，在挫折面前冷静下来，认真分析问题的原因，并努力从自己身上找答案。

小穆由开始的好高骛远，急功近利，到后来的脚踏实地，一步一个脚印，首先解决的是思想问题、思路问题，然后解决的是路径问题、方法问题。他的经验告诉我们，想求得良好的发展没有错，但是急功近利会适得其反，还是应该按照职业生涯发展规律踏实地走好每一步，并且要坚持下去。

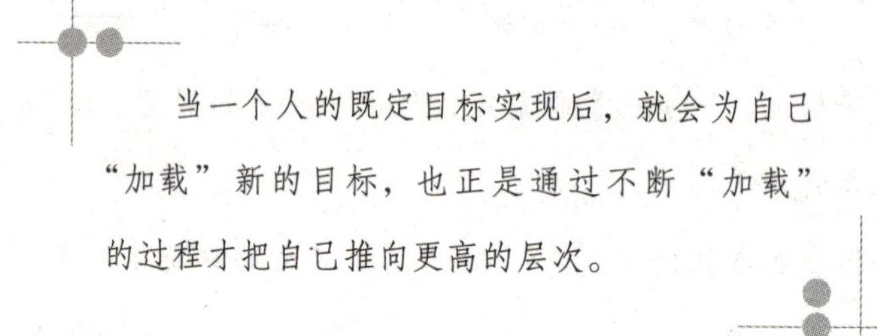

其实，小穆重回柜员岗位努力工作的过程就是对思想、心态、技能、业绩等方面“加载”的过程，也正是小穆在各方面为自己“加载”，才保证了他不断实现自己的职业目标。

小穆在发展过程中走了一段弯路，但这段弯路对他个人的职业生涯发展却意义重大。我们在学习小穆为自己的工作“加载”的同时，也要吸取小穆的教训，及早为自己的职业生涯确定好奋斗的目标和方向，并一直坚持下去。

提高岗位工作的“备付率”

柜员岗位的服务是即时性的，单个服务项目所需要的知识和技能并不多，但是它的背后却需要广博的知识和技能做支撑。

在培训柜员的工作中，我们要求柜员提高岗位工作的“备付率”。以利息备付率为例，利息备付率 = 税息前利润/当期应付利息 ×100% 。如果我们将柜员的能力和技能看作税息前利润，将柜员在工作中遇到的难题看作当期应付利息，工作中的难题是柜员无法掌控的，但提高自己的技能和能力却是柜员可以做到的。

也就是说，柜员提高自身的技能和能力就能在很大程度上提高自己解决问题的概率，也就是上面所指的提高“利息备付率”。反过来说，如果柜员的岗位“备付率”越高，越有利于其解决工作难题。

柜员的每次服务虽然并不需要所有的知识和技能，但如果这一服务的“备付率”很低，那服务将难以令人满意。在柜员岗位上，知识与技能的“备付率”越高，业务办理才会越有效率，也会为个人的职业生涯发展奠定扎实的基础。

知识与技能的“备付率”是柜员岗位最重要的评价指标之一，领导、客户、同事一般会从岗位知识和技能水平上来评价柜员的优劣，“备付率”越高，越容易获得他人的认可。

与银行的经营模式一样，岗位“备付率”的意义就在于保证自己在岗位工作中的支付能力，岗位的“备付率”越高，越容易满足客户对岗位服务的需要，越容易控制岗位风险，越容易支持自己获得相应的岗位发展。

为了提高岗位工作的“备付率”，在日常工作中，柜员要及时充电，让自己的知识、技能和心态有足够的存量，保证岗位工作中的随时支付。

专业知识补充是提高岗位工作“备付率”的必修课，专业知识越丰富越容易为客户提供可行的咨询建议，越容易有效解决客户千差万别的问题，并为自己日后的发展提供知识储备。

提高自己的学历层次也是提高岗位工作“备付率”的重要方法。在可能的情况下，柜员应努力提高自身的学历水平，因为随着银行岗位竞争的日益激烈，原有的学历水平已不再具有优势。所以，柜员需要不断学习并提升自己，以保证职业生涯的顺利发展。

岗位经验的积累是提高岗位工作“备付率”的可靠途径。岗位经验积累可以更好地解决岗位工作中遇到的各种问题，也为日后承担更重要的岗位责任做前期准备。

总之，柜员要提高岗位工作的“备付率”，就要努力提高自己的岗位胜任能力，开拓职业上升空间，为将来委以重任增加权重，提高岗位竞争力，积聚职业生涯发展资本。

从讲解员开始

小童从职业学院毕业后，由于一个偶然的机会以派遣员工的身份进入一家银行的呼叫中心工作。小童十分珍惜这份工作，她觉得凭自己的条件能够进入这样的单位实在不容易，应该用更好的工作业绩来回报帮助过自己的人。

经过一段时间的培训，她很快上岗工作，一到岗位，她发现自己已有的知识和能力远远不能适应眼前的工作，要做好这项工作，不断学习就成了她最重要的任务。于是，她请老员工为自己做了一个详细的学习计划，然后按照这一计划分段实施，并把第一期目标定为做最好的电话客服。

她先是有计划地学习信用卡、储蓄存款、理财、个人消费贷款、基金、银证通等与呼叫中心业务直接相关的专业知识。然后在这个基础上，结合岗位工作学习了相关的经济金融理论，以提高自己的知识结构和层次。

随着接触业务品种的增多，她的学习也在深入，并且在专业化上做了相应的研究，对呼叫中心的运营方式提出了许多建议，从而受到了领导的好评和重视。她主动探索新的服务方式，尽可能为客户提供快捷方便的服务，让客户对这种不见面的服务产生好感，提高利用率，从而提高客户对银行的忠诚度。

此外，她还主动为行里的各业务主管部门提供客户信息、市场信息、投诉信息，让自己的呼叫服务对全行的业务管理更有价值。

经过近两年的实践和总结，小童的业务水平提高很快，她的话务量、平均通话时间、工时利用率、转接率、客户满意度等考核指标均为行内的前几名。

一个偶然的机会，她被抽调到该银行承办的全省城商行工作会议做接待，当与会人员要参观本行网点和设施时，她主动申请做引导员。在引导客人参观的过程中，她不断给大家讲解行里的业务发展情况和所参观网点的特点，引起了大家的注意，参观结束后主持会议的领导对她给予了高度评价，这也引起了银行领导对她的重视。

接待工作结束后不久，她便由呼叫中心调到营业部做大堂经理，转为无固定期限合同的职员，并作为业务主管后备人才进行培养。

在目前的就业形势下，小童知道自己能够进入银行工作确实不易，所以非常珍惜这份工作，这是现在很多年轻人难以做到的。

一开始，小童是作为派遣员工上岗工作的，但是她没有因为是派遣工而放松对自己的要求。为了做好岗位工作，她做了充分准备，并把学习和充实自己作为生活中的重要内容。

她没有简单地停留在一般的学习和工作上，而是善于分析和研究，对基本工作知识和管理知识，甚至对呼叫中心的运营做了深入的研究，这也让她具备了充足的岗位“备付率”。

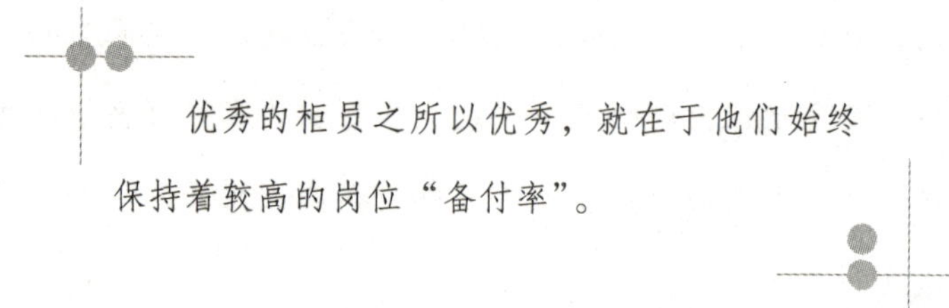

机会总是留给有准备的人，这一真理在小童身上又一次得到验证。小童抓住了参与会议接待的机会表现了自己的能力，而且她并没有把自己限制在接待和引导工作上，而是主动担当起讲解员工作。这也让上级和本行的领导更加了解小童的工作能力，为小童以后的职业发展埋下了伏笔。

小童所取得的成绩令人羡慕，但也有人认为这是一种偶然，其实这种偶然中存在着必然，如果小童没有充足的岗位“备付率”，就算能遇到这种机会，能否把握住机会也是另一回事了。

保持良好的“运行”状态

如果把岗位工作比作生命的一部分，那么，柜员就应该像对待生命一样，让它按照自然规律良好地“运行”起来，培植更强的生命能量，而不是破坏或改变它正常的“运行”机制。

有的柜员认为人生很现实，职场很残酷，岗位很无趣，如果用这种态度对待岗位工作和生活的话真的毫无希望，而且会在残酷的现实中了无生趣地终老。

其实，从事柜员工作如同经营一家合资公司，银行出的是平台资本，柜员自己出的是人力资本；银行获得的是柜员的能力所产生的利润，柜员获得的是在银行平台上提升的自身能力；银行因为柜员的能力而壮大，柜员因为岗位平台而使自己的人力资本更具价值。银行和柜员在公司良好的“运行”过程中获得共赢。

在最初的资本输出时，银行应该是柜员附着职业理想最好的平台，通过岗位“运行”，柜员为自己创造了职业资本的“剩余价值”，持续地积聚和投入人力资本，从而提升自己的核心竞争力，使自己成为职场的抢手货。

到了这个时候，柜员便不再是银行的普通职员，而是银行价值提升的载体，更是银行持续发展的原动力。因此，柜员保持自身良好的岗位“运行”状态，不仅有助于实现自己的职业目标，更重要的是帮助银行实现可持续发展。

一家公司要想生存下去，没有特点不行，柜员在岗位工作的“运行”中也要善于经营自己的专长，形成岗位需要的核心技能，创造自己的岗位风格和优势。这样你不仅没有被淘汰的风险，还会为进入银行经营管理的核心打下基础并创造机会。

在岗位工作的“运行”中，柜员需要找到自己独特的卖点，除了每个人都具备的岗位能力之外，还必须拥有组织需要、领导看重、大家认可的独特价值。也就是说，柜员岗位的“运行”除了扬长之外，还要避短，通过经营和开发自己的长处，创造良好的业绩来弥补自己的短处，用自己的优势屏蔽劣势。

保持岗位良好的“运行”状态，需要柜员不断谋划自己的岗位工作，正所谓凡事预则立，不预则废。岗位工作中需要花点时间仔细想想自己到底该怎么做，每一步到底该怎么走，应该怎样设定目标、选择路径、确定方法，这样才会有效避免工作中的失误。

保持良好的岗位“运行”状态，需要柜员正确面对困难和挫折，并把困难和挫折打造成自己发展的台阶，保证在发展障碍面前能够从容逾越，并积累相应的职业经验，成为职业发展的新起点。

随着就业难问题的加剧，银行的人员竞争更加激烈，高学历人才一批批走上柜员岗位，稍有疏忽就可能被更年轻、更有活力、更有能力的人取代，甚至被淘汰出局。因此，提高岗位“运行”的能力和水平，既可以提高岗位的安全性，又可以为未来发展开辟新的途径。

同时，柜员岗位能力归零的风险较大，甚至一次系统改造就可能让你必须从头学起，此时后来者居上的事情也很容易发生。如果柜员始终保持良好的“运行”状态，就算遇到此类事情，柜员也能灵活应对，避免自己被动地接受或被淘汰的败局。

我们强调柜员岗位就是自己的事业，并不是说要干一辈子柜员，柜员岗位只是个人职业生涯发展中最重要的初始状态，是一个基础台阶，是成就和表现自己的平台。我们只是希望柜员认真对待每天的工作，认真做好工作的每个环节，职业“运行”才能形成上行的趋势，进而开拓自己的成长空间。

自我营销

小梁和其他员工一样，想拥有美好的未来，可是从事了柜员工作后，他发现自己的理想与现实有点远，面对眼前的工作他有些迷茫。

经过一段时间的犹豫彷徨之后，他根据我们的建议，制订了一个自我营销的计划，以此来帮助自己实现职业发展目标。

经过观察和分析，他发现在柜员岗位上实现自己的职业理想，必须让自己保持一种良好的“运行”状态，用能力和业绩说话。

他的第一个目标就是下大力气提高岗位能力，让自己在岗位上站稳脚跟，实现价值的最大化，把自己最优秀的一面展现在别人面前。然后，他又进行自我营销，让更多的人了解自己、欣赏自己，进而争取到适合自己的工作岗位，努力实现自己的理想。

小梁发现，在实际工作岗位上，有的人有知识，有能力，人品也不错，却找不到自己理想的岗位；有的人工作勤恳，任劳任怨，却得不到上司的赏识；有的人辛辛苦苦，业绩良好，却得不到领导的重用和提拔。他认为其中的主要原因是在自我营销上欠些功夫，因而埋没了自己的才华。

认识到这一点后，小梁在岗位上开始注意进行自我营销。他开始注重自己的岗位形象，在业务办理、举手投足、气质、着装等方面都有意识地训练自己，以增加自己的职业魅力。同时，他还努力维护良好的人际关系，改善自己的岗位环境，提高职业发展的人际支持度。

小梁还运用4P理论指导自我营销，让自我营销具有了理论依据。首先把自己当作产品来对待，按照产品的特性展开4P式自我营销：一是保证自己适销对路，为岗位工作所需要，把自己打造成岗位的紧缺人才，成为岗位上的畅销品；二是确保自己素质过关，成为岗位的耐用品，让领导和客户放心；三是让自己拥有吸引眼球的包装，表现出应有的职业气质和岗位状态，提高岗位的认可度；四是努力创造自己的品牌效应，让自己成为岗位招牌。

除此之外，小梁还在自身的性价比上做文章，让自己既有知识，有能力，有经验，又能够放平心态，不对组织有过高的要求，不对职务有过高的期望，让组织和领导感到自己是可用好用的宝贵“产品”。

小梁还想办法建立自己的营销渠道：一是找职业导师带领自己进入相应渠道，形成师门背景；二是建立人脉关系网络，提高人际支持度；三是与自己的上司和领导建立互信关系，努力得到上级的认可；四是建立与同事良好的工作关系，不仅成为工作岗位上的合作伙伴，而且成为关键时刻的坚定支持者。

根据行里的人力资源管理情况和自身实际，他制订了适合自己的促销方式：一是针对可能存在的问题，提前做好公关活动，减少发展障碍；二是利用好每一次展示自己的机会，得到更多人的了解和认可；三是让亲朋好友帮助自己宣传，形成对自己有利的舆论氛围。

小梁认为自己应该把眼光放得长远一些，根据发展的需要，建立自己的目标市场。他为自己设定的第一个目标是柜面业务主管，并按主管的工作特点和职责来要求自己，不断学习和总结，不到三年时间，便走上了主管岗位。

紧接着，他又一步步地为自己设定相应的目标，并为这些目标积累能力和资源。最终，他按计划实现了自己的目标。现在，小梁已经成为一家支行分管内勤的副行长。

我们不能说小梁的职业发展是最成功的，但他的确按照自己的规划实现了职业目标，而且每步都走得扎实、自觉。

他把自己当作企业来经营，按照职场的运营规律管理自己的岗位和工作，特别是运用企业经营的规律来营销自己，一步步实现了既定目标。更可贵的是，小梁能够看到职场中的问题，抓住了容易被人忽视的职业发展因素，并找到了适合自己的破解办法，从而推动自己不断进步。

4P 理论是市场营销的经典理论，小梁将这一理论运用到个人职业生涯发展上很有指导意义，最重要的是它帮助小梁进行着成功的岗位营销。

小梁的职业生涯发展较好的原因有很多，但他以科学理论为依据，正确的营销自己的办法也发挥了重要作用。

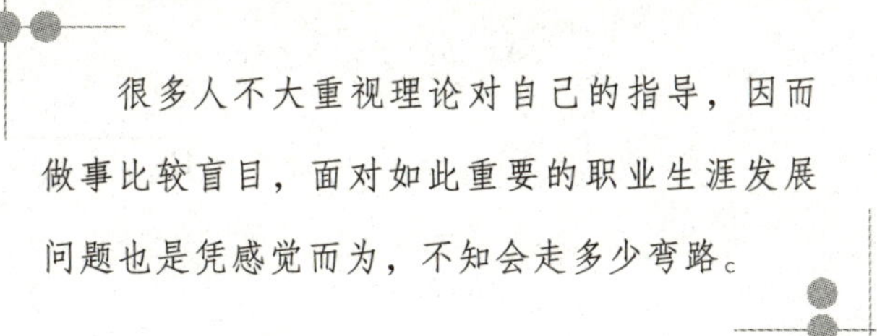

很多人不大重视理论对自己的指导，因而做事比较盲目，面对如此重要的职业生涯发展问题也是凭感觉而为，不知会走多少弯路。

我们在学习小梁努力营销自己的经验之外，更应该学习他理性对待自己职业生涯的态度。也正是这种不骄不躁的理智确保了他良好的工作“运营”状态，在日趋激烈的岗位竞争中始终保持着自己绝对的优势地位。

后记

Postscript

在《做最好的银行职员》和《做最好的银行支行长》出版之后，很多读者还在期待新书，问我们接下来还会写什么内容。就银行员工职业生涯管理的话题来说，我们确实有很多话还没有来得及说，这本《做最好的银行柜员》是对前两本书的一些补充。

在筹备此书的过程中，我们从两个视角出发：一是从窗口的视角看，什么样的柜员才是最好的柜员；另一个是从超越具体业务的视角看，普通柜员怎样凭借业务技能成为最好的柜员。这两个独特的视角也奠定了此书区别于市场上任何一本研究银行柜员的书的基调。

现在各家银行都建立了自己的业务技术培训体系，大多数银行都编辑了自己的业务技术培训教材，但是大多教材只是介绍了简单的业务操作方法，没能全方位地看待柜员岗位，更没有从根本上解决培养最好的银行柜员的途径。

本书讲述了大量业务技术案例，对如何做好柜员岗位工作，更好地为客户服务做了相应的解读。这些内容不是枯燥地讲解业务技术，而是通过案例来帮助柜员提升自己的整体素质，努力把自己打造成最好的柜员。

本书的内容是给柜员看的，但是它的基本思想和方法对许多岗位都有借鉴意义，特别是对管理层如何培养最好的柜员更具有重要的指导意义。本书的案例来自柜员岗位中最真实的故事，在此，要对为我们提供案例和研究支持的银行同人表示衷心的感谢。

同时，具有30多年银行从业经验的李炳龙先生细致审核了书稿，并提出了许多宝贵的修改意见。此外，在本书的成书和出版过程中，我们又得到了赵朝清、陈怡冰、朱彩涛、任红波、陈闯、付艳丽、陈崇正、刘鹏、梅菲菲等老师和朋友的大力帮助，在此一并表示衷心的感谢！

古剑　吕晓娅